清风雅雨间

City of Breeze and Rain

雅安文物精萃

Gems of Cultural Relics in Ya'an

文物出版社

装帧设计　顾咏梅
　　　　　刘　远
责任印制　梁秋卉
责任编辑　李缙云

图书在版编目（ＣＩＰ）数据

清风雅雨间：雅安文物精粹 ／ 雅安市博物馆，四川
省文物考古研究院编著. — 北京：文物出版社，2010.9
　　ISBN 978-7-5010-3021-7

　　Ⅰ．①清… Ⅱ．①雅… ②四… Ⅲ．①历史文物－雅
安市－图集 Ⅳ．①K872.713

中国版本图书馆CIP数据核字（2010）第172049号

清 风 雅 雨 间

City of Breeze and Rain

雅 安 文 物 精 萃

Gems of Cultural Relics in Ya'an

雅 安 市 博 物 馆
四川省文物考古研究院 　编著

出版发行	文物出版社
地　　址	北京市东直门内北小街2号楼
邮　　编	100007
网　　址	http://www.wenwu.com
	E-mail:web@wenwu.com
制版印刷	北京圣彩虹制版印刷技术有限公司
开　　本	889毫米×1194毫米　1/16
印　　张	12.5
版　　次	2010年9月第1版
印　　次	2010年9月第1次印刷
书　　号	ISBN 978-7-5010-3021-7
定　　价	300.00元

清 风 雅 雨 间
City of Breeze and Rain
雅 安 文 物 精 萃
Gems of Cultural Relics in Ya'an

雅 安 市 博 物 馆
四川省文物考古研究院　　编 著

学术顾问 ＼ 李学勤　苏士澍

编辑委员会主任 ＼ 徐孟加　刘守培

编辑委员会副主任 ＼ 吴　旭

委员 ＼

徐孟加　刘守培　吴　旭　王家骢

王佳勇　高大伦　李炳中　曾德仁

杨荣新　潘红兵　郭凤武　姚　兰

邓黎民　卫洪强　宋甘文　王　喻

杨　寒　及康生　高俊刚　唐国富

主 编 ＼ 王家骢

副主编 ＼ 王佳勇

策 划 ＼ 高大伦　李炳中

编写组组长 ＼ 李炳中　曾德仁

副组长 ＼ 潘红兵　郭凤武

摄 影 ＼ 代　强　江　聪

文 字 ＼ 郭凤武　曾德仁　杨荣新

英文翻译 ＼ 杨福雄

英文审校 ＼ 杨秋莎

目录
Table of Contents

清风雅雨间
City of Breeze and Rain

序一

Preface I

◎ 雅安位于四川盆地西缘，自古就是人类活动栖息地之一。新中国成立后，经过几次文物普查，特别是第三次全国文物普查，全市共发现文物点5399处，年代最远者可上溯到与"北京人"相当的旧石器时代之"富林文化"。一系列的发现充分证明雅安蕴藏着悠久而灿烂的文化遗产。

◎ 改革开放以来，为配合基本建设和开展课题研究，中央、省、市文博单位在雅安进行了大小几十次的考古发掘和清理，出土的玉、石、陶、铜、铁、竹、木、漆等文物达数千件，其年代从旧石器时代、新石器时代、商周、战国、汉、唐及至宋、元、明、清，构成了一部活的雅安古代文化实物史，从而成为本书的选录基础。

◎ 从大渡河、青衣江沿岸出土的大批新石器时代有肩石器来看，这时期的农耕经济已经得到相当发展，而且已大量烧制陶器。到战国时期，文化发展达到新的高度，在这里出土的青铜器、巴蜀印章等器物，其数量之多，造型之美都令人赞叹。

◎ 至汉代，雅安文化发展到极盛。从遍布全市的石阙、石刻、墓葬及出土器物形制之优美，雕刻之大气，纹饰之精工，充分体现了长江上游文明的精华，这是雅安的骄傲，也是四川的荣耀。唐宋以降，作为茶马古道起点的雅安成为联系汉藏民族的桥梁纽带，成为民族交流的走廊，留下了大量珍贵文物。

◎ 雅安丰富多姿的历史文物不仅是雅安悠久历史的明证，也是祖国艺术宝库的重要组成部分，更有较高的鉴赏和研究价值。

◎ 雅安近年来高度重视文化遗产保护工作，思路清晰，工作扎实。尤其是四川省文物考古研究院和雅安市文物管理所在汉源、荥经、芦山一系列重大考古发掘所取得的成果，大大丰富了四川的古代历史。我相信，本书的编辑出版，将成为传承雅安厚重的历史文化、推动雅安文化遗产保护工作向深层次迈进的良好开端。

◎ 适逢《清风雅雨间》即将出版发行和雅安市博物馆落成在即，写下这些，除了表示祝贺外，也为雅安在保护文化遗产方面所取得的成绩感到高兴，祝愿雅安在以后的文化遗产保护工作中取得更多更大的成绩。

2010年8月于蓉城

序二 | Preface II

◎ 20世纪以来，中国的考古文物工作已经取得了非常辉煌的成绩。这方面工作的发展，与国家的政治经济形势密切相关。新中国的建立，为考古文物工作开拓了新的局面。特别是"改革开放"以后，全国各地建设事业蓬勃兴盛，促使考古工作迅速铺开。近年"西部大开发"的顺利推进，更使许多过去考古文物工作薄弱甚至空白的地区有一系列重要发现，可以说这方面工作也有"西部大开发"，其大好形势正在到来。

◎ 地处大渡河、青衣江流域的四川雅安市地区，近数十年屡有引人瞩目的考古发现，诸如富林、沙溪、大地头、桃坪、麦坪、同心村等地点，都已为有关学者所熟知。发现的遗存证明，早在新石器时代，这里就有先民栖处生息，并且创造出有明显特色的文化，有的学者还提出了"富林文化"、"麦坪文化"这样的考古学概念。

◎ 尤其值得注意的是，进入青铜器时代，雅安一带成为蜀文化的重要区域之一。荥经同心村出土的大量蜀文化特有的青铜器，较之成都平原所出毫无逊色，表明当地是蜀国的一个重要中心。在荥经、芦山陆续发现的多件巴蜀玺印，不仅符号复杂，而且类型繁多，是有出土记录的这种玺印最丰富的一批。大家知道，关于巴蜀玺印的探讨已经进行多年，关键问题是印面上的种种符号究竟是不是文字。由于同样符号也见于巴蜀器物，特别是数量众多的兵器，可资对比分析的材料越来越多，通过综合研究，不少学者指出这些符号其实是文字，是世界罕有的尚未得到解读的古文字之一。这种文字一旦得到解读，将成为学术界的大事。

◎ 战国晚年，蜀国为秦所灭，雅安地区的地位更显重要。据《太平寰宇记》所引《华阳国志》："始皇二十五年灭楚，徙严王之族以实于此地，故曰严道，属蜀郡。"秦所置严道即在今荥经境内。所谓楚"严王"应即"庄王"，但如任乃强先生《华阳国志校补图注》所说，秦及西汉并不讳"庄"字，严道是否因此得名还需要考虑。无论如何，当时以严道为中心的地带已经相当繁华殷盛。西汉文帝时，又把淮南王之族徙居到这里，并曾将这里的铜山赐予嬖臣邓通铸钱。《汉书·佞幸传》说"邓氏钱布天下"，《西京杂记》云其钱"文字肉好皆与天子钱同"，从这些记载不难知道严道在汉朝经济发展中所居的重要地位。

◎ 了解了今雅安市地区在汉代的重要性，也就容易明白这里为什么有那么多的汉代文物遗存。例如丰富精美的石刻，生动地反映了汉朝盛世的生活情景。尤其是举世闻名的高颐阙，至今与当地独特的自然景观一起备受人们关注。

◎ 还要强调指出的，是雅安自古为多民族地区，多种多样的民族文化在这里融合交会，自古蜀以至秦汉，情形无不如此。唐宋以下，这一地区作为茶马古道的要冲，更是汉藏经济文化交流的必经之地，也规定了有关文物的文化性质。

◎ 《清风雅雨间》这部图录，以系列的珍贵文物展示了雅安古远的历史进程，承载着当地厚重的文化积淀，更向我们昭示，雅安人不会辜负社会各界的期望，必将创造出更加灿烂的未来。

◎ 值此雅安市博物馆落成暨《清风雅雨间》付梓，谨应雅安友人之嘱写此数语，作为图录小序，兼致祝贺之意。

李学勤

2010年8月于北京清华园

概说 Introduction

◎ 雅安，亦称雅州。

◎ 初为蜀国地。《尚书·禹贡》为梁州之地。

◎ 《竹书纪年》载梁惠成王十年即魏惠王十年（前361年），"瑕阳人自秦道岷山青衣水来归"。

◎ 公元前316年秦灭蜀后置严道。

◎ 《史记·樗里子甘茂列传》载公元前312年（即秦惠文王后元十三年），秦惠文王的异母兄弟樗里疾因战功显赫并从楚国手中夺取汉中而封爵于严道，号为"严君"。

◎ 据《汉书·地理志》、《后汉书·筰都夷传》等，武帝初设沈黎郡，辖严道、青衣、徙、旄牛县，后罢沈黎郡改隶蜀郡，东汉安帝改为蜀郡属国。

◎ 三国蜀汉置汉嘉郡，西魏置蒙山郡，隋代以后改置雅州。清置雅安府。

◎ 辛亥革命后初属四川第十七行政督察区，后为西康省第二行政督察区。

◎ 新中国成立之后为西康省雅安专区，1955年划归四川省，2000年改为省辖市，面积15314平方千米，人口153万。

◎ 辖7县1区：雨城区、芦山县、名山县、天全县、荥经县、宝兴县、汉源县、石棉县7县，市政府驻雨城区。

◎ 位于青藏高原东麓横断山与四川盆地交汇处，青衣江、大渡河流经穿过。距成都120公里，是汉藏民族文化结合过渡地带。

◎ 素有"雨城"之称。

◎ 世界上第一只大熊猫的发现地。2006年，以雅安为主要核心区的四川大熊猫栖息地被列入世界自然遗产名录。

◎ 世界茶文化、茶栽培的发源地之一，是全球人工栽培茶树最早的地区。

◎ 本书所展示的文物，主要来自雅安各区、县文管所，计有文物215件。这批文物地方特色浓郁，绝大部分文物与雅安重大历史发展阶段相关连，成为研究地方史的珍贵实物资料。大批精美的石器、青铜器、巴蜀印章、石刻、陶瓷器、佛教造像、书画作品不仅具有历史、科学价值，而且有着较高的艺术价值。它们是雅安悠久历史的见证，虽经千百年岁月的洗礼，却依然在这片神奇的土地上熠熠生辉，向后人昭示着她辉煌的物质文化与精神文化。读者也可从中领悟到这块镶嵌在"清风雅雨间"——雅安独有的魅力。

一

◎ 复原人类远古的历史主要依靠考古学。雅安自旧石器时代起就有人类活动，1960年代在汉源县发现的富林文化，其年代与著名的"北京人"相当。从1980年代至今，中国社会科学院考古研究所、四川省文物考古研究院、雅安市文物管理所等单位先后在沙溪遗址、大地头遗址、麦坪遗址等开展发掘，出土大批新石器时代器物。最重要的当数位丁汉源县大树镇大渡河南岸麦坪遗址的发掘，该遗址是一处距今5000～3000年的新石器至商周遗存为主的遗址，有近200座房屋基址构成大型聚落，文化面貌非常独特，出土器物具有强烈的地方特征，代表一种新的考古学文化，有学者提出了"麦坪文化"的考古学文化命名，

它对研究当时人类的生活方式具有十分重要的价值。在沙溪、麦坪、狮子山遗址出土的石器、陶器等，更说明雅安地区的史前文化与黄河上游地区的原始文化之间有着诸多联系。

◎ 从青铜时代开始，雅安地区便成为"北方草原文化"、"巴蜀文化"、"滇文化"等南北族群文化的交融之地，为汉代"南方丝绸之路"的开通奠定了基础。

◎ 书中选录的有肩石锄、石斧、石凿等打（磨）制精美，其性质主要是用作农具。这些农具的大量出现，说明青衣江大渡河流域在新石器时代晚期至西周农耕经济已有相当程度的发展，特别是石锄等有肩石器的大量使用，是青衣江大渡河流域早期文明的一大特征。

◎ 其中一件有肩石锄系浅灰色砾石打制。整体略呈铲形。长方形直柄，斜肩，刃部较宽呈弧形。一面为砾石自然面，较平滑。柄下部及锄身有打击剥落片痕。另一面为裂面，下半部为磨制，四周打击点明显。为沙溪遗址典型器物。

◎ 麦坪独特的文化在器物上也有表现。书中选录的一件尖底陶罐，应属祭祀用品，一般三件为一组，放在墓主人脚底，为放置这些尖底瓶，还专门制作了特别的底座。

二

◎ 战国至汉是雅安古代文明灿烂辉煌时期，境内有众多此时期墓葬，类型有土坑墓、木椁墓以及石棺葬，均出土大量精美器物，尤以青铜器、青铜印章出土之多、之独特、之精美，在四

川堪称一流。1980年代中期，在荥经县同心村出土一批战国晚期青铜器，其中可圈可点的有十字形戟、"成都"铭文矛等，均属难得一见的珍贵文物。巴蜀铜印章在四川各地均有出土，但在这里集中出土54件是十分罕见的，在数量上超过了过去四川地区出土此类印章的总和，其形制有圆形、方形、长方形、月牙形四种，内容有双"心"、"王"、"星"等巴蜀图语。此外，还有一批以文字为印文的习语印，与重庆巴县（今巴南区）冬笋坝船棺葬出土的基本相同，这类印章被统称为周秦小印。

◎ 2005年在石棉永和乡发掘14座战国中晚期土坑墓也出土大量器物，以小型铜泡、串饰为特点。

◎ 2004年在汉源县桃坪发掘了一批西汉墓葬，其墓葬形制独特，随葬器物丰富，有铜镰斗、铜镅、双鱼纹铜牌等，在省内罕见。

◎ 书中选录的一件战国时期嵌绿松石勾连凤鸟纹四纽四系带盖铜罍属国家一级文物。它由盖与罍身两部分组成，盖面作覆碗形，盖顶四对称环纽。每个环纽的上棱面均有平行环槽两周，两侧面环形平槽一周，槽内嵌绿松石，盖顶中心刻涡漩纹及变形的勾连凤鸟纹一周，纹饰上均镶嵌绿松石。罍身为平口，方唇，直颈，溜肩，鼓腹，平底，圈足，圈足底微外侈，肩腹间有四对称环形竖耳，四竖耳中有三个为素面；另一个面有等分的平槽三周，两侧的环面上亦各有环形平槽一周，槽中嵌以绿松石。腹上部有巴蜀符号。器身颈及肩上各饰一组鸟纹和勾连凤鸟纹，腹中部四竖耳间各饰一由变形凤鸟纹组成的圆形图案，纹

饰上均镶嵌绿松石。整个造型庄重自然，纹饰精美细腻，匠心独具。

◎ 书中选录的刻有"成都"二字最早的器物——虎纹铭文矛，青铜铸造，刺身呈柳叶状，圆弧形脊，中空至尖。在弓形双耳间骹面铸饰一浅浮雕虎像，一面铸虎的头顶及虎的前躯，虎身绕骹侧迂回向上，虎身双腿匍匐，虎尾伸直，尾尖上卷直至刺身；虎头的下颚饰在骹的另一面前端，这样即可以从矛的侧面窥见虎像全貌，虎头硕大，身躯瘦长，弯延至另一面。虎口大张，露牙瞪目，竖耳，舌长伸，在虎首前的骹面有阴刻铭文"成都"二字，身脊上另阴刻一"公"字。这为研究成都的得名及其城市的发展有着极高的价值。

◎ 在雅安各地还有不少石棺葬，其时代从新石器时代到西汉，也出土了许多青铜器。

三

◎ 汉代是雅安古代文化巅峰，其境内遗存的文物大多堪称精品，尤以一批汉代石刻为代表作，除高颐阙、樊敏碑、樊敏阙、何君阁道碑、赵仪碑、王晖石棺等耳熟能详的艺术品外，还有大量的墓葬石刻、石兽、画像砖、石刻建筑构件等，雕刻精美，气韵生动，充分展示了汉代的强盛及宏大气魄。其中建安十六年王晖石棺的雕刻曾受到郭沫若先生高度赞扬："西蜀由来多名工，芦山僻地竟尔雄。"

◎ 从大型雕刻方面看，书中选录的芦山县东汉

樊敏墓石瑞兽可为代表，它长200厘米、高145厘米，威风凛凛。这类瑞兽，无论称天禄、麒麟或称辟邪、狮子，其实都是以狮子为蓝本的造型。它由整块长条形红砂石凿刻而成，兽昂首怒吼，跃然欲奔，身生双翼，健羽及臀，极有气势。首似虎，右爪抚螃蟹，尾部残，底座为长方形。石兽雕刻体态刚劲、浑厚，呈威猛之势，技法精湛，造型生动，具有强烈动感。其四条腿部加拖着的长长尾巴（已损）形成五个有力的支撑点，稳健有力，这种直立行走式的造型为东汉石刻瑞兽的流行样式，古拙有力，有很强的视觉冲击力。

◎ 而一件出土于樊敏阙附近的东汉石楼阁格外引人注目：它由整块红砂石雕琢而成，一楼为三柱两间，踞坐三人，分别执乐器、短戈，正在表演，二楼三间饰横隔窗，正门半启，屋顶为单檐庑殿式。但最能扣动人们心扉的是女主人的形象，她身着华美的长袍，倚门半露，凝神远眺，若有所思，表现出极高的艺术水准。还有一件东汉石刻摇钱树座也引人入胜：四川摇钱树座一般为陶质，而它采用圆雕将整块石头打造成与《山海经》西王母、昆仑山神话相关的艺术品，从技法上讲更是将圆雕与高浮雕结合，线条简洁，人物形象饱满，做到了传神写意的完美统一，不愧是一件难得的艺术精品。还是鲁迅先生评价得好，"惟汉人石刻，气魄深沉雄大"。

四

◎ 雅安名人书画有自己的亮点，它们是雅安文物宝库的奇葩之一。这批字画能留存雅安与抗日战争有关。抗战军兴，大批文人后撤，云集西南，许多画家在雅安留下墨宝。

◎ 本书仅甄选出部分等级藏品展示，有从清到近现代具有代表性的作品，如竹禅、黄君璧、张大千、徐悲鸿、董寿平、齐白石、傅抱石、关山月以及四川名家苏葆祯、吴一峰等字画。

◎ 竹禅（1825～1901年），曾任重庆梁平县双桂堂方丈，后住锡上海龙华寺。书中选录的竹禅设色纸本人物图轴，图中两位老人，其中一人手捧葫芦桃，面部表情生动，衣纹细笔淡墨勾描，极为传神。

◎ 黄君璧（1898～1991年），著名国画家。书中展示的黄君璧设色纸本"闲听溪声"山水图轴，为写意山水，画中小桥流水，气韵生动，题有"桥头有客长无事，闲听溪声近看山"。黄君璧的作品在四川不为多见，此画当为20世纪40年代佳作。

◎ 齐白石设色纸本双鼠偷油图轴，构图简洁，一只鼠对油灯上的油很感兴趣，另一只鼠对两个柿子感兴趣。上题"齐璜白石丙子五月作也"。钤白文"白石翁"印。画面极是清新活泼，寥寥几笔勾勒出油灯下一只老鼠企图偷食灯油，另一老鼠正扑向柿子，意趣盎然，让人忍俊不禁。

◎ 曾任中央美术学院第一任院长的徐悲鸿，也在雅安留下几多墨迹。书中选录的设色纸本写意柳马图轴在其众多的骏马图中别具一格，画中骏马意态生动，飘动的柳枝，简洁的画面，劲健的笔法和清雅的设色，逼真地表现了骏马的彪悍形象。

◎ 此外，雅安人还通过多种途经收集了康有为、赵熙等名人书法，在此不赘。

五

◎ 1970～1980年代在芦山、宝兴先后出土有几件唐代浅绿釉瓷灯。其年代、形制与邛窑类似器物相同。瓷灯圆唇，内坦腹，下弧腹接饼足，空心，腹部有一短流连接内部空心处，腹内有一桥形耳置于流上部，施浅绿釉。使用时在盏上盛以灯油，再放入灯芯，从腹部的流孔将清水注入其夹层内，清水可以降低灯油的燃烧温度，从而达到省油的效果。小小油灯构思巧妙，充分体现了古代工匠的高度智慧。

◎ 一件唐代葵花形双鸾铜镜可谓珍品。镜八出葵花形，圆纽，窄沿。浮雕纹饰精美，分两层，内区为主题纹饰，纽左右各一鸾鸟振翅站立于花枝上，纽上方饰草叶纹；外区饰折枝花草与灵芝云相间环列。内外区图案间饰以一弦纹。做工精美，是唐代铜镜中的佼佼者。在制镜史上，唐是继汉之后又一高峰，无论形制、纹饰均超越前代，取得卓越成就，从这件唐镜的制做工艺的细腻、精湛可见一斑。

◎ 雅安出土的宋三彩陶器与各地的一样，均属低温釉陶器，泥胎表面用含铁、铜、钴、锰等元素的矿物作釉料着色剂，其用途主要是用作随葬明器，它是在唐三彩陶工艺基础上发展起来的。书中选录的宋三彩陶器中，有黄绿釉陶玄武、黄绿釉男跪伏俑、黄釉男坐俑、黄绿釉男立俑等，造型各异，人物俑面部表情夸张，肢体语言丰富，写实传神，生动如活，准确地反映了宋代的市井生活。最有趣的要属浅黄釉睡狮形枕，它面呈半月形，下为蜷伏的小狮，小狮鼓眼，面部夸张，实为现实生活用器的翻版。这批陶器的釉色、造型、烧制工艺和四川境内成都、绵阳、阆中、广汉、德阳、广安、巴中、南充等市县出土的宋三彩特征基本一致。

◎ 雅安出土瓷器中最为珍贵的当数书中选录的元"至正七年置"青花罐，罐由盖和罐身两部分组成。盖圆形，子口，顶隆起呈半弧形，上饰宝珠状纽，盖沿较宽。罐身圆唇，直口，短颈，丰肩，腹鼓，下腹弧，斜收至浅圈足，肩上附对称竖耳，器物通体施青白釉，唯圈足露胎无釉，附有少许细沙粒，似为用带沙渣的垫饼仰烧所致。盖表面有沙粒，腹中部有釉下楷书"至正七年置"青花款识，青花发色浓艳鲜丽，具元代(苏麻离青)特色，器物端庄规整，釉色莹润，是景德镇窑的典型产品。众所周知，元代才开始实现由软质瓷向硬质瓷转变的飞跃，而青花萌生于宋，在元成熟而流行于明清。可以说元青花瓷开辟了中国瓷器工艺的新纪元。这是四川唯一有明确纪年的元青花瓷。

◎ 书中展示的几件元代卵白釉瓷高足碗（杯）同样珍贵。因其釉色光润明净，恰似鹅蛋色泽，故称"卵白"釉。它是一种乳浊釉，釉层致密，比宋青白瓷釉厚而柔润。此类瓷器无论有无"枢府"、"太禧"等款识，均被统称为枢府器。其特点是圈足小，足壁厚，足内无釉，底心有乳丁状突起，足底无釉处呈红褐色铁质的小斑点，而且在边沿粘有砂渣。枢府器也不一定是元代官府的专用品，当时政府没有限制向民间出售，故民间及海外多有此类器物流通。

◎ 明釉里红瓷高足碗，敞口，口沿外侈，浅腹内收至高柄处，高柄圈足似竹节。胎质致密，腹壁轻薄，釉色莹润。高柄分两节，用釉里红饰细弦纹，也是雅安古代文物珍品。

◎ 书中选录佛教造像同样有出彩之处，其中一尊清代鎏金释迦牟尼铜头像遍饰螺髻后再饰高肉髻，低眉闭目，脸丰颐，眉心处用三角形火焰镶嵌一绿松石为白毫相，高鼻，闭唇，双耳下垂于肩，轮廓分明，应是尼泊尔工匠精心设计之作，为藏传佛教铜像之上品。

◎ 雅安由于特殊的地理位置，一直是汉藏文化交流的前沿，因此在这里出现一批藏传佛教的铜佛像就是顺理成章的了。书中选录的清代四臂观音像头戴高冠，头饰白毫相，身披华美的袈裟，遍饰璎珞，结跏趺坐于仰覆莲台上，双手捧牟尼珠于胸前，是一尊典型的藏传佛教密宗铜像，产地应该同样来自尼泊尔。其余两件铜佛像制作同样精美，额部平紧，肩宽细腰，服饰璎珞贴体轻柔，为清代流行的风格。

◎ 在雅安市博物馆落成之际，通过这些珍贵文物的展示，我们可以更好地了解雅安深厚的文化底蕴，触摸到她的文化精髓。这些珍贵文物既折射出雅安历史文化的灿烂光辉，更激励着今天的雅安人去创造更加辉煌的明天。

清风雅雨间 编写组

Ya'an, called Yazhou in history, was under jurisdiction of the ancient Shu Kingdom. Yandao was set up when Shu State was overwhelmed by Qin State in 316 B.C. It was changed into a dependency of Shujun Prefecture by Emperor An of Eastern Han. It was Called Hanjia Prefecture during the Three Kingdoms Period, as Mengshan Prefecture in Western Wei Period and as Yazhou since Sui Dynasty. In Qing Dynasty Ya'an Prefecture was set up. It belonged to Xikang Province since 1949 and later was changed into Sichuan Province since 1955. In 2000, Ya'an was changed into a city directly under the provincial jurisdiction. Ya'an City has a population of 1.53 million and a territory of 15,314 square kilometers.

Ya'an used to be known as 'Rain City'. The first giant panda in the world was found right here. In 2006, Sichuan Giant Panda Habitat, with Ya'an in the core, was listed into the World Natural Heritage List. Ya'an is also one of the origins of tea culture and tea planting in the world. It is the earliest area in the world for artificial tea planting.

All historic relics in this book are primarily from the historic relic administrations of all districts or counties under Ya'an City. The total 215 relics are deeply local featured. Most of them are correlated to the essential historic development of Ya'an, therefore they are now very precious material data for research of local history. The collected stones, bronze wares, Bashu seals, stone sculptures, potteries, Buddhism figures, calligraphy and painting articles have not only historic and scientific value but also with rather high art value. They evidenced the long history of Ya'an, and through thousand years of weathering, they still remain shining and bright on this land, presenting her glorious material culture and spiritual culture. Through them may readers find the unique charm of Ya'an a city of breeze and rain.

It was discovered from archaeology that human being existed in Ya'an since the Paleolithic Period. Fulin Culture discovered in the 1960s in Hanyuan County had equivalent chronicle time to the well-known Peking Man. The Institute of Archaeology of the Chinese Academy of Social Science, Sichuan Historic Relic Archaeology and Research Institute and Ya'an City Historic Relic Administration, etc. successfully continued discovery at Shaxi Site, Daditou Site and Maiping Site with a plenty number of Neolithic findings. The most important site is called Maiping Site at southern bank of Dadu River in Dashu Township of Hanyuan County. Here was discovered a famous Neolithic Ruins about 5000~3000 years ago. It was called Maiping Culture owning to its unique local features.

The ancient civilization of Ya'an had a glorious period from the Warring State Period to Han Dynasty. Numerous graves of this period existed here varying from earth-pit tomb to wood-coffin tomb and stone-coffin graves. A large number of wonderful articles were discovered in these tombs, particularly bronze wares and bronze seals which were crafted excellently, very precious in Sichuan.

Within Ya'an territory also existed many typical stone sculptures of Han Dynasty such as Gaoyi Tomb Tower, Fanmin Tablet, Fanmin Tomb Tower, Hejunge Tablet, Zhaoyi Tablet, Wanghui Stone-coffin, etc., all are well-known arts. Besides, there existed numerous grave stone sculptures, stone beasts, image bricks, stone-carved architectural components, etc. These findings have fine engraving, ranking to top art works of discovery.

The Song three-color pottery unearthed in Ya'an also have strong features. For instance, the Yellow-green Glazed Pottery Xuanwu, Yellow-green Glazed Creeping Figure, Yellow Glazed Knee-seating Figure, Yellow-green Glazed

Akimbo Figure, Three-color Red Pottery Figure Servant, etc, all are very vivid with diversified shapes.

Worthy of being mentioned that the best collected porcelain is a blue and white vase of Yuan Dynasty. It has an inspection of "Made in 7th Year of Zhizhen" in the middle. Its blue and white is featured of Yuan Dynasty article (smalt color) with moisture shining, a typical product of Jingdezhen Kiln. This is the sole Yuan blue and white porcelain with chronicle marking and is top precious.

Due to its special geographic location, Ya'an has been remaining the frontier for Han-Tibet cultural communication. One collected bronze Buddha figure, a four-arm sitting Valokiteśvara, is a typical and actually top works of the Tibetan Buddhism Tantric Bronze Figures.

Ya'an has collected many calligraphy and painting works of masters. A large number of literators stayed in Ya'an during the Anti-Japan War and left many works here. For instance, the great Painter Xu Beihong, the 1st dean of China Central Academy of Fine Arts, made a freehand Willow-horse Painting here.

Right on the establishment of Ya'an City Museum, this book and the display of the rare and precious historic relics allow readers for comparison and for better demand of the historic knowledge of Ya'an City. Good wishes for exploring the profound cultural background of Ya'an so to learn its long history and profound cultural connotations and enjoy a kind of beauty.

By the Editorial Group of
City of Breeze and Rain

石锛		
石锛		
石锛		
石凿		
石凿		
石凿		
石刀		
有肩石锄		
石砍砸器		
石矛		
石镞		
绿松石管		
石斧		
石钺		
石锛		
石凿		
双联陶罐		
尖底陶杯		
鸭形陶罐		
尖底陶罐		
石锛		
石锛		

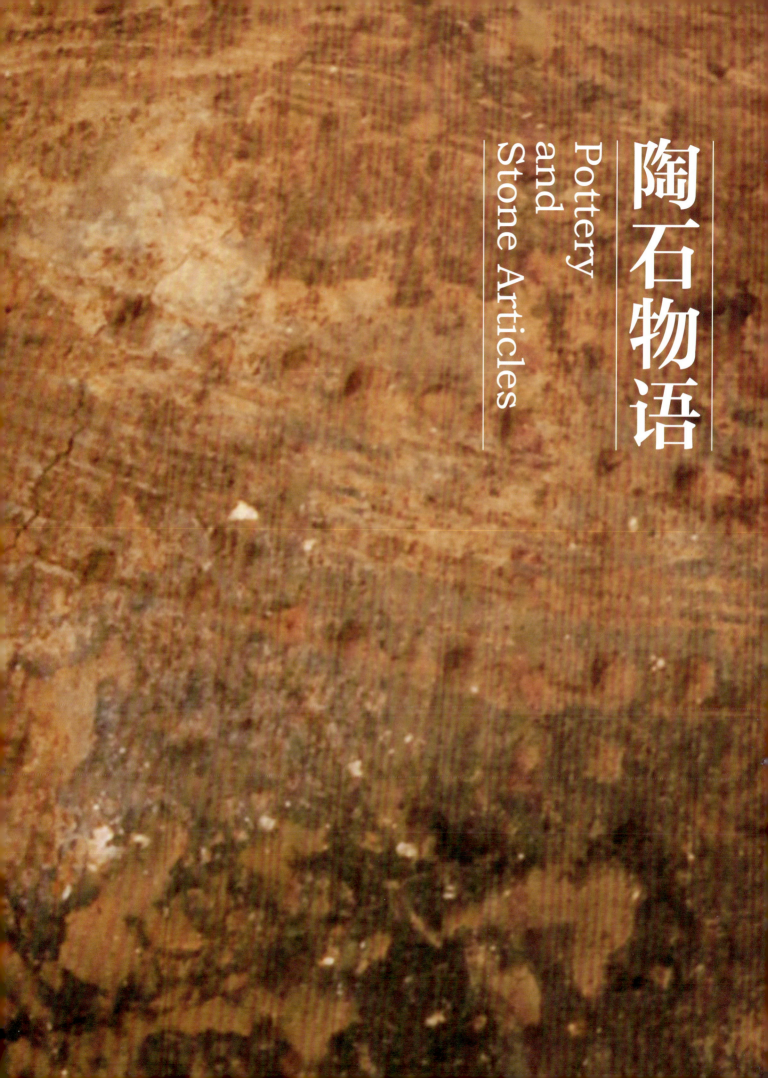

陶石物语

Pottery and Stone Articles

石锛
Stone Adze

新石器时代
长8.3厘米、宽3.4厘米、厚1.2厘米
汉源县文物管理所藏

青灰色石质，通体磨光。平面长方形，
直刃，侧锋。

石锛
Stone Adze

新石器时代
长6.2厘米、宽3.5厘米、厚0.6厘米
汉源县文物管理所藏

通体磨光，身略呈梯形，直刃，刃中部
有崩痕，侧锋。

石锛
Stone Adze

新石器时代
长7.7厘米、宽2.2厘米、厚0.5厘米
汉源县文物管理所藏

白色，通体磨光。身梯形，一面平直，
一面稍凸，弧刃。

石凿
Stone Chisel

新石器时代
长25.3厘米、宽2.9厘米、厚1.9厘米
汉源县文物管理所藏

黄灰色，通体磨光。长条形，双刃。

石凿
Stone Chisel

新石器时代
长11.6厘米、宽1.9厘米、厚1.1厘米
汉源县文物管理所藏

青灰色砾石，通体磨光。上细下粗，截面呈
长方形，平直刃。

石凿
Stone Chisel

新石器时代
长7.6厘米、宽1.6厘米、厚1.1厘米
四川省文物考古研究院藏

青灰色石质，长条形，弧刃，中锋，刃部有
使用痕迹。

石刀
Stone Knife

新石器时代
长14.6厘米、宽4.9厘米、厚0.6厘米
汉源县文物管理所藏

青灰色石质，通体磨制。长条形，双向穿
孔，孔径0.4厘米。双弧刃。

有肩石锄
Stone Hoe with Shoulder

新石器时代
长28.5厘米、上宽8厘米、下宽16厘米
芦山县博物馆藏

浅灰色砾石打制，一面为砾石自然面，较平
滑；另一面为裂面，下半部磨制。四周打击
点明显，柄下部及身有打击剥落片痕。整体
略呈铲形，长方形直柄，斜肩，刃部较宽呈
弧形。

石砍砸器
Stone Chopper

新石器时代
直径10.1厘米、厚4.8厘米
汉源县文物管理所藏

黄色砾石，两平面为自然砾石面，并有打击痕，器厚重。圆饼形。

石矛
Stone Spear

新石器时代
长12.2厘米、肩宽5.5厘米、厚1.1厘米
芦山县博物馆藏

红褐色花岗岩磨制，器型规整，柄顶端有打击痕迹。身等腰锐角形，直柄长方形，尖锋。

石镞
Stone Arrowhead

新石器时代
长6厘米、宽1.9厘米、厚0.2厘米
汉源县文物管理所藏

青灰色，器表有大小不等深色椭圆形斑点。身菱形，扁平，双侧刃，头尾呈尖状。

绿松石管
Turquoise Tube

新石器时代
直径0.3厘米、高1.8厘米
汉源县文物管理所藏

绿松石质，表面有磨制痕迹。长圆柱形，穿孔，两端截面呈圆形。

石斧
Stone Axe

商周
长6.3厘米、宽3.3厘米、厚1.2厘米
石棉县文物管理所藏

乳黄石质，半透明，通体磨光。长条形，弧刃，中锋。

石钺
Stone Yue-Axe

商周
长15.1厘米、刃宽9厘米、厚0.5厘米
石棉县文物管理所藏

灰绿色硅质板岩磨制，质地坚硬。器扁平，亚腰形，折肩有凹缺，圆弧刃。

石锛
Stone Adze

商周

长6.2厘米、宽3.4厘米、厚1.5厘米

石棉县文物管理所藏

青灰色花岗石质，通体磨光。平面略呈梯形，斜直刃，侧锋。

石凿
Stone Chisel

商周

长23.5厘米、宽5厘米、厚0.7厘米

石棉县文物管理所藏

浅绿色石质。通体磨光。长条形，弧刃，中锋，刃部有使用痕迹。

双联陶罐
Dual-Link Pottery Pot

商周

口径7.2厘米、高16.2厘米

汉源县文物管理所藏

灰褐色陶质。喇叭形口，束颈，双联球形腹，平底。

尖底陶杯
Sharp Bottom Pottery Cup

商周
口径11.2厘米、高12.4厘米
汉源县文物管理所藏

灰陶质，直口，尖唇，斜壁，尖底。

鸭形陶罐
Duck-Shaped Pottery Pot

商周
口径10.5厘米、高33厘米
四川省文物考古研究院藏

红褐陶质，喇叭形口，束颈，鼓腹，平底。

尖底陶罐
Sharp Bottom Pottery Pot

商周
腹径14.2厘米、高21厘米
四川省文物考古研究院藏

黄褐色陶质。侈口，鼓腹，尖底。祭祀用品。

铜钺

铜钺

铜钺

四纽四系铜罍

虎纹带柄铜镜

龟马纹带柄铜镜

匙形铜带钩

鸟首孔雀翎铜带钩

蛇首铜带钩

鹅首错金银铜带钩

虎斑纹巴蜀图语铜剑

铜剑

柳叶形铜剑

带鞘铜剑

鱼形柄铜剑

虎首纹铜戈

虎纹巴蜀符号铜戈

虎首纹铜戈

虎斑纹铜戈

"卢氏"铭文铜戈

弯胡铜戈

虎首纹铜戈

虎首纹铜戈

"成都"铭文铜矛

虎纹巴蜀图语铜矛

虎纹铜矛

手心纹铜矛

镂空网格纹双耳铜矛

双翼镂空铜镞

环首铜刀

铜镭斗

跽坐铜人像

铺首衔环铜锺

单耳铜斗

铺首衔环铜罍

龙凤纹提梁铜扁壶

铜钫

铜炉

铜镭斗

甑

铜灯

铜博山炉

龙虎相斗铜饰

昭明铜镜

葵花形双鸾铜镜

菱花形航海铜镜

方形"百"字纹铜印

巴蜀鸟首纽心纹铜印

巴蜀圆形"王"字纹铜印

巴蜀圆形"王"字纹铜印

巴蜀钟形心纹铜印

鸟形纽巴蜀图语铜印

覆盆形巴蜀图语铜印

覆斗形巴蜀图语铜印

圆形巴蜀图语铜印

圆形巴蜀图语铜印

圆形巴蜀图语铜印

圆形巴蜀图语铜印

覆斗形巴蜀图语铜印

圆形巴蜀图语铜印

鸟形纽巴蜀图语铜印

覆斗形兽纽巴蜀图语铜印

覆斗形巴蜀图语铜印

方形"富"字铜印

方形"敬事"字铜印

长方形巴蜀图语铜印

长方形兽纽巴蜀图语铜印

长方形巴蜀图语铜印

长方形巴蜀图语铜印

方形双层巴蜀图语铜印

山字形巴蜀图语铜印

山字形巴蜀图语铜印

圆形巴蜀花蒂纹铜印

巴蜀方形手心纹铜印

圆形桥纽铜印

圆形巴蜀图语铜印

长方形鼻纽"杨为厂"铜印

圆形"日利宜泉"铜印

圆形铜印

长方形碑纽"范入千万"铜印

长方形"王子"铜印

方形桥纽铜印

长方形桥纽"孝"字铜印

兽纽"汉夷士部之章"铜印

方形"汤猛"铜印

近方形驼纽"汉叟仟长"铜印

方形鎏金龟纽"关内侯印"铜印

方形桥纽"别部司马"铜印

方形龟纽"□□成印"铜印

方形龟纽"区径"铜印

近方形圆环螭龙凤鸟纽"李宜私印"铜印

方形桥纽"任封"铜印

近方形鼻纽"狱"字铜印

方形龟纽"密之"铜印

近方形板纽"右德(怀)略指挥兼第一都记"铜印

"芦山县儒学记"铜印

"都纲桑儿结藏"象牙玺

蜀山青铜

铜钺
Bronze Yue-Axe

商代
高17厘米、宽8.8厘米
石棉县文物管理所藏

半圆刃形，直柄，平肩，半形圆刃。应属中原地区商周类型。

铜钺
Bronze Yue-Axe

商周
长8.2厘米、宽8.7厘米
汉源县文物管理所藏

半月形圆刃，椭圆形銎，銎边沿略外卷。

铜钺
Bronze Yue-Axe

商周
长18厘米、宽10.5厘米
汉源县文物管理所藏

圆刃，腰微束，有銎，长方形直内。身有一直径5.7厘米的圆穿，銎下左右各有一长1.3、宽0.3厘米的长方形穿。两穿间有一凸脊，内部有一长2厘米的桃形穿。

四纽四系铜罍
4-knob Bronze Lei

战国
口径15.8厘米、高43厘米
荥经县严道古城遗址博物馆藏

由盖、身两部分组成。盖作覆碗形，顶四对称
环纽，纽上槽内嵌绿松石。盖中心饰涡漩纹
及变形凤鸟纹，纹饰上均镶嵌绿松石。身平
口，方唇，直颈，溜肩，鼓腹，平底，圈足。肩腹
间有四对称环，其中一系环槽中嵌绿松石。
腹上部阴刻巴蜀图语。颈及肩上各饰一组鸟
纹和变形凤鸟纹，腹中部系环间各饰一由涡
漩及变形凤鸟纹组成的圆形图案，纹饰上亦
镶嵌有绿松石。

四纽四系铜罍
4-knob Bronze Lei

战国

虎纹带柄铜镜
Tiger Design Bronze Mirror

战国
直径8厘米
宝兴县文物管理所藏

圆形，正面光滑，微下凹。背面有纹饰，为
两道同心圆弦纹以及菱形辐射纹等。有柄，
方形中空，首端为一镂空的虎，柄前后饰饕
餮纹。柄基部为菱形，饰连珠纹。

鱼马纹带柄铜镜
Fish and Horse Design Bronze Mirror

战国
直径17.5厘米
荥经县严道古城遗址博物馆藏

圆形，有柄，柄上有穿。背面凸弦纹四周，
将纹饰分为四部分，中心为多角太阳纹，太
阳纹外一周饰鱼五条；其外一周饰马七匹，
马均站立，垂尾，低首；再外一周饰由连续
五边形构成的图案。

虺形铜带钩
Serpent-Shaped Bronze Belt Hook

战国
长10.7厘米
芦山县博物馆藏

前部弯曲成钩，中部有圆柱形纽。

鸟首孔雀翎铜带钩
Bird-head Peacock Bronze Belt Hook

战国
长8.9厘米
宝兴县文物管理所藏

琵琶形，钩首作鸟首形，尖尾。饰连续漩涡纹图案，犹如孔雀翎。腹背一短柱状纽。

蛇首铜带钩
Serpent-head Bronze Belt Hook

战国
长4.9厘米
宝兴县文物管理所藏

琵琶形，钩首为蛇首，宽扁，双目外凸，颈部细长弯曲，腹宽扁，其上有两蛇盘曲成对称的四个漩涡，蛇背起细脊，脊两侧饰细连珠纹，圆眼鼓突，双肩相对两虎。腹背一短柱纽。

鹅首错金银铜带钩
Goose-head Gold-Silver-Inlaid Belt Hook

战国
长23.5厘米
宝兴县文物管理所藏

琵琶形，钩首鹅首形，圆头，凸目，颈细长，胸前挺，腹作椭圆形，颈至腹部呈拱形。腹部饰错金银卷云纹。腹背一短T形纽。

虎斑纹巴蜀图语铜剑
Bronze Sword with Tiger Design & Bashu Images

战国
长45.5厘米、宽3.5厘米、厚0.9厘米
荥经县严道古城遗址博物馆藏

尖峰,宽叶,弧脊,两侧有血槽,斜直双刃,无格,扁茎,茎上二穿。剑身沿脊与刃边饰半圆弧形纹对称交错排列,并间饰虎斑纹。剑末端脊上一面铸饰"心"、"手"等巴蜀符号以及草、水等纹饰;另一面饰虎纹和一组巴蜀图语。

铜剑
Bronze Sword

战国
长29厘米、宽3.3厘米
荥经县严道古城遗址博物馆藏

身较短而显得厚重,尖锋,直刃,有脊,横断面呈菱形,茎上二圆穿。

柳叶形铜剑
Willow-leaf Bronze Sword

战国
长44厘米
宝兴县文物管理所藏

叶较宽薄，侧刃呈弧形，中脊两侧下凹，侧
刃脊部向柄部内收。柄窄细，有二穿，饰手
心纹、虎纹。

柳叶形铜剑
Willow-leaf Bronze Sword

战国
长44厘米
宝兴县文物管理所藏

带鞘铜剑
Sword in Scabbard

战国
鞘长23.3厘米、宽13.8厘米、厚2厘米
芦山县博物馆藏

由剑鞘、二短剑、一削组成。整体略呈三角
形，两侧饰翼，中空菱形。鞘正面满饰云纹。
短剑均为柳叶形，扁茎，隆脊，无格，柄端有
两圆穿。一为素面，另一茎至刃后端饰巴蜀符
号。削直背，弧刃，素面。

带鞘铜剑
Sword in Scabbard

鱼形柄铜剑
Bronze Sword with Fish-shape Handle

战国
长31厘米、宽4.1厘米、厚1.5厘米
宝兴县文物管理所藏

长三角形身，弧形隆脊，双弧刃，无格，近基部
饰两排三角形纹。柄分两段，前段扁平中空，
并饰三角纹箍一道；后段鱼形，上饰排列整齐
的镂空长方格。

虎首纹铜戈
Bronze Dagger with Tiger-head Design

战国
长19.4厘米、宽9.9厘米、厚0.3厘米
荥经县严道古城遗址博物馆藏

戈直援，菱形脊，中胡四穿。内长方形，
中部有一圆穿。援末及胡上铸有虎纹，侧
身，头硕大，张口吐舌。虎身饰云雷纹，
长尾上卷。

虎首纹铜戈
Bronze Dagger with Tiger-head Design

虎纹巴蜀符号铜戈
Bronze Dagger with Tiger Design & Bashu Symbols

战国
长26.5厘米、宽13.2厘米、厚0.2厘米
荥经县严道古城遗址博物馆藏

直援，宽刃，菱形脊，中胡，胡上长方形二穿，援末上端一三角形穿。援内侧两面均各有一排纹饰，援末两面铸浮雕虎首，口中空。长方形内，上饰阴线虎身。胡上一面铸有巴蜀图语组成的图案。

虎纹巴蜀符号铜戈
Bronze Dagger with
Tiger Design & Bashu Symbols

虎首纹铜戈
Dagger with Tiger-head Embossing

战国

通长24.8厘米、援长17.1厘米

荥经县严道古城遗址博物馆藏

直援，宽刃，弧脊，中胡，胡上长方形二穿，援末一圆形穿。援末端铸浮雕虎首，口大张，露齿，舌外伸上卷，舌根及上齿间为一条形穿，瞪眼，耳翘起以固定。长方形内，内上一大圆穿。

虎斑纹铜戈
Bronze Dagger with Tiger Design

战国
通长21.8厘米、援长13.8厘米
荥经县严道古城遗址博物馆藏

为中胡戈，略残。直援上翘，窄刃，圆脊，
胡上长方形二穿，援末一圆形穿，有阑。长
方形内，内中部一圆穿。身满饰虎斑纹，援
上一面饰虎形及一组巴蜀图语，另一面为
"心"形及巴蜀图语。

"卢氏"铭文铜戈
Posy Bronze Dagger

战国
长23.6厘米、宽11.7厘米、厚0.2厘米
荥经县严道古城遗址博物馆藏

中原式，略残。援狭长，较厚，扁平棱状脊，
窄刃，前端较尖，上援微拱，下援内凹，中胡，
胡上二穿及援末一穿均呈长方形。长方形内
略上翘，前端为一长方穿，一面有刻阴铭文两
行，字迹漫漶不清，初步释读铭文为："七年
卢氏命韩□厥工师司马队作□。"

弯胡铜戈
Wanhu Bronze Dagger

战国
长27.6厘米、阑宽7.5厘米、内长3厘米、
内宽2.3厘米
芦山县博物馆藏

残。月牙形援，弯胡双刃，有阑，本上一圆
穿。长方形内，上一条形穿。

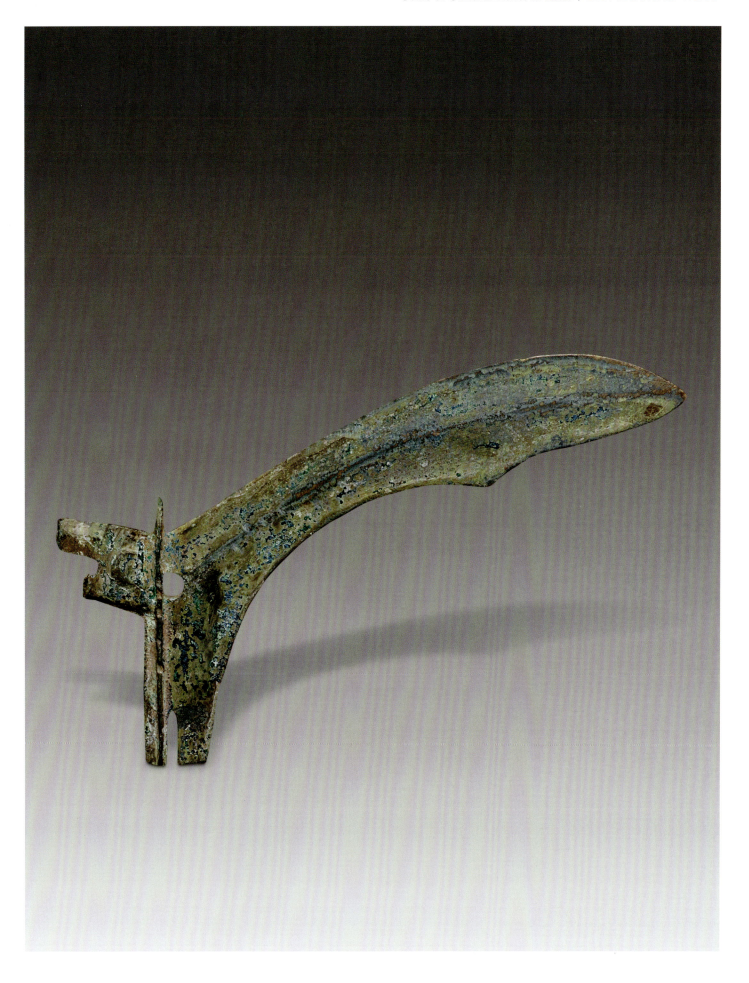

虎首纹铜戈
Bronze Dagger with Tiger-head Design

战国
长18.3厘米、宽8.6厘米、厚0.6厘米
宝兴县文物管理所藏

十字形,弧刃,援本中脊微隆,阑侧二长条形
穿。内直平,中部一圆穿。突起的虎首纹饰于
援本脊部,卷云纹、回纹饰于内两侧。

虎首纹铜戈
Bronze Dagger with Tiger-head Design

战国
长16.8厘米
宝兴县文物管理所藏

中胡直援,胡端后凸出一牙。援脊微隆,
弧刃,阑前有两个长方形穿,援本后上角
一近方形穿。直内,上一圆穿。援本靠阑
虎首镂空,耳直翼伸,呲牙,鼓目,神态
凶猛。两面胡部均有巴蜀符号。援、胡表
面有银斑纹。

"成都"铭文铜矛

Bronze Spear with
Tiger Design and Chengdu Inscription

战国

长21.9厘米、宽3.1厘米、銎径2.8厘米

荥经县严道古城遗址博物馆藏

弧形窄刃，身柳叶状，圆形脊，中空至尖。弓形双耳间骹面饰一浅浮雕虎纹。一面饰部分虎首及前躯，绕骹侧迂回向上，身双腿匍匐，尾伸直，尾尖上卷至刺身。虎首下颚饰在骹的另一面前端，身长，弯延至另一面，口大张，露齿，瞪目，竖耳，从侧面可窥虎像全貌。在虎首前有铭文"成都"二字，脊上另有一"公"字。

"成都"铭文铜矛

Bronze Spear with
Tiger Design and Chengdu Inscription

虎纹巴蜀图语铜矛
Bronze Spear with Bashu Symbols

战国
长32.8厘米、宽4.7厘米、銎径3.5厘米
荥经县严道古城遗址博物馆藏

叶呈柳叶状，叶较宽，两面一侧各有斜面平行
凸棱一组。骹与身脊相连。骹上两耳间铸有
浅浮雕纹饰，一面饰虎，张口，露齿，瞪眼，翘
尾，蹬腿。虎身后为一组巴蜀图语；另一面铸
"心"、"手"形巴蜀符号，另似有人首蛇身
图像。

虎纹铜矛
Bronze Spear with Tiger Design and Posy

战国
长26.3厘米、宽3.8厘米
宝兴县文物管理所藏

圆锥形骹直达锋利，叶长为矛的四分之三，叶中段最宽。双侧弧刃，锋刺圆转，侧刃基部连接弓形耳。銎沿外侈，饰云雷纹一周，骹上两耳间铸有浅浮雕纹饰，一面饰虎像，作咆哮状，身后有一组巴蜀符号。

手心纹铜矛
Bronze Spear with Palm Design

战国
长22.7厘米
宝兴县文物管理所藏

圆锥形骹直达锋刺，叶长为矛的四分之三，叶中段最宽。双侧弧刃，锋刺圆转，侧刃基部连接弓形耳。銎沿外侈，饰云雷纹一周。骹两面有巴蜀符号，骹内残存木柲。叶面有桃形孔与骹内通。

镂空网格纹双耳铜矛
Dual-knob Bronze Spear with
Hollow-out Grid Design

战国
长30厘米、宽3.2厘米、銎径3.2厘米
宝兴县文物管理所藏

窄叶,棱状隆脊,两侧有血槽,骹达锋刺。两侧
刃直至前锋斜收为尖刺,透孔呈波折纹。

镂空网格纹双耳铜矛
Dual-knob Bronze Spear with
Hollow-out Grid Design

战国
长30厘米、宽3.2厘米、銎径3.2厘米

双翼镂空铜镞
Dual-fin Hollow-out Bronze Arrow-head

战国
长5.4厘米
宝兴县文物管理所藏

身扁平，中有脊，双弧刃，四棱形长挺。脊两侧镂空成格孔，孔自上而下逐渐加大。

....

环首铜刀
Ring-head Bronze Knife

战国
长33.6厘米、宽3.4厘米、厚0.5厘米
荥经县严道古城遗址博物馆藏

刀身直，前端微翘，尖刃，直柄，柄尾为一桃形环首。

铜鐎斗
Bronze Jiaodou

西汉
口径16.7厘米、高11厘米
芦山县博物馆藏

身盆形，窄沿外折，腹略直，腹中部有独角龙形曲柄，圜底，三蹄形足，上饰兽面纹。腹部饰凹弦纹一周。

踞坐铜人像
Bent-knee Sitting Bronze Figure

西汉
高14.5厘米
芦山县博物馆藏

人头饰高髻，宽额，眉上挑，瞠目，隆鼻，张口露齿，耸肩，乳头凸出，肚脐凹陷，通体饰线纹和鳞甲纹(背部)，踞坐于一卷云纹圆锥形台上，台外沿饰菱形纹一周。台由四兽托起，兽回首，脚粗短，尾长，各以一爪托前兽，立于扁平台上，台面饰连续菱形纹，周边饰锯齿纹。

铺首衔环铜锺
Bronze Vessel with Rings

东汉
口径22.5厘米、高51.2厘米
雅安市文物管理所藏

锺盘口，高领，球形腹，圈足，圈足壁较直。腹上、中、下部各饰凸弦纹三周，腹上部饰铺首衔环一对。

⋯⋯⋯⋯⋯⋯⋯⋯⋯⋯⋯⋯⋯⋯⋯⋯⋯⋯⋯

单耳铜斗
Single-knob Bronze Bucket

东汉
口径20.4厘米、高10.5厘米
汉源县文物管理所藏

直口微敛，深腹，平底。绳纹竖耳，口沿外有宽棱一周，近底部有饰凸弦纹二周，底部有十字形凸弦纹。

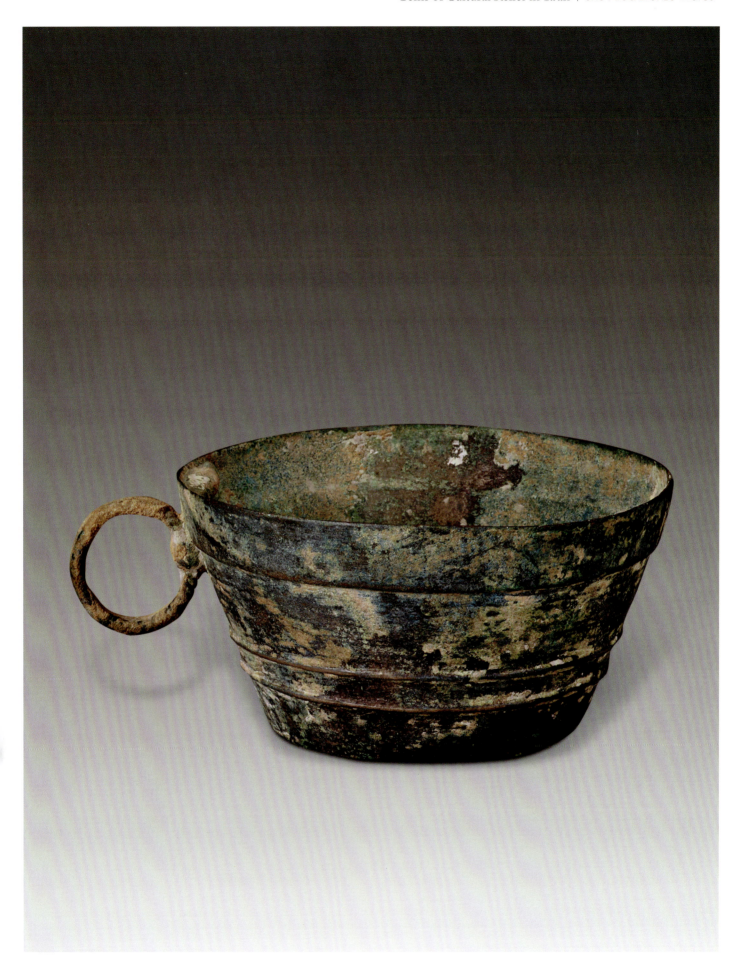

铺首衔环铜罍
Bronze Lei Vessel with Rings

汉代
口径13.1厘米、高30.4厘米
汉源县文物管理所藏

喇叭形口，平唇内敛，束颈，丰肩，鼓腹，圈足。肩及腹部各饰凸弦纹三组，腹部有对称铺首衔环双耳。身较厚。

龙凤纹提梁铜扁壶
Bronze Blan Pot with a Dragon

汉代
高10.3厘米、宽10厘米
四川省文物考古研究院藏

盖微隆，小口，直颈，椭圆形扁腹，方形圈足。腹部两侧及盖中央各有一半环形纽，纽系链索，链索上与弓形提梁相接。颈部及圈足刻划有简易的蕉叶纹，肩部刻划有龙、凤纹。龙四足腾跃，回首，张口，吐舌，凤则振翅翱翔。龙、凤间以云雷纹，其下则为各有两个填以菱格纹的相连圆弧。扁壶腹部上下以双横线间断，刻划有菱格纹及细线。

铜钫
Bronze fang

汉代
高35厘米、腹宽19.5厘米
四川省文物考古研究院藏

方口微侈，颈部粗短，斜肩，方腹斜壁，方形高圈足，腹两侧设一对铺首衔环。

铜炉
Bronze Burner

汉代
口径44厘米、高16厘米
四川省文物考古研究院藏

折沿外侈，腹壁较直，平底，三兽面足。腹部设铺首衔环一对。

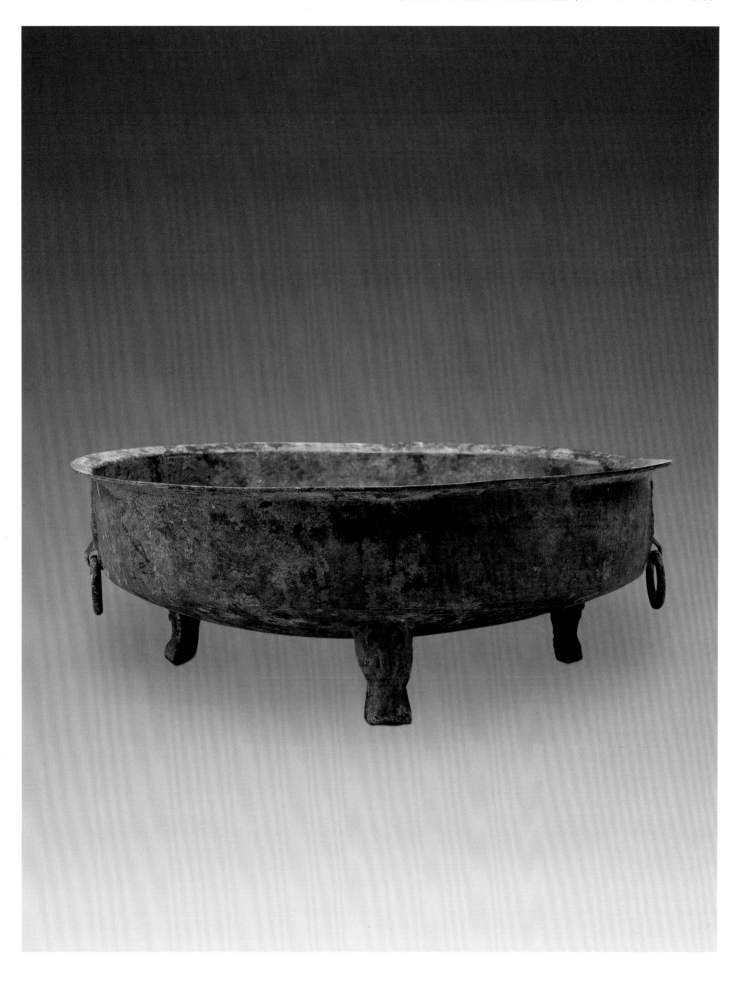

铜鐎斗
Bronze jiaodou

汉代
通高9厘米、口径13厘米
四川省文物考古研究院藏

折沿，侈口，腹微鼓，平底，腹、沿交接处
有一长柄。柄中空，截面为方形。

甗
yan

汉代
铜釜口径25.5厘米、高20厘米
陶甑口径17.5厘米、高11厘米
四川省文物考古研究院藏

铜釜直口，宽沿外侈，短颈，宽肩，腹微
鼓，底部微弧。上腹设两环状耳，中腹饰两
道凸弦纹。釜上置一陶甑，甑折沿，平底。

铜鐎斗

铜灯
Bronze Lamp

汉代
通高12厘米、直径8厘米
四川省文物考古研究院藏

豆形，直壁圆盘，盘心有烛钎。柄中部隆
起，喇叭形圈足，足面呈三阶梯状。

铜博山炉
Bronze Boshan Incense Buruer

汉代
通高32厘米、底盘直径27.5厘米
四川省文物考古研究院藏

由盖、炉身、底盘三部分组成。盖作崇山
状，其间有小孔。炉身上为圆盘，子口，浅
腹。底盘为大圆盘，承柱下部作海水状。

龙虎相斗铜饰
Dragon-tiger Bronze Ornament

汉代
长13厘米、前宽3.7厘米、高4厘米
芦山县博物馆藏

虎扑压龙，肢体互交。虎口衔龙角处，呈撕
咬状，两脚后蹬。虎身饰线条纹和似麦穗
纹，龙身饰圆圈纹和齿纹。

昭明铜镜
Zhaoming Bronze Mirror

汉代
直径8.1厘米
荥经县严道古城遗址博物馆藏

圆形，半球形纽，圆纽座。纹饰由弦纹两
周间以栉齿纹的环带分为内、外两区，内
区饰八内向连弧纹、卷云纹等；外区铭文
一周，铭文为"内清质昭明光象夫日月心
忽忠而不"。其外饰弦纹、栉齿纹各一
周。素平缘。

葵花形双鸾铜镜
Sunflower Dual-phoenix Bronze Mirror

唐代
直径12.4厘米
芦山县博物馆藏

八出葵花形，圆纽，纽左右各一鸾鸟振翅站
立于花枝上，纽上饰草叶纹，其外饰弦纹及
折枝花草与灵芝形云相间环列的纹饰各一
周。窄平缘。

菱花形航海铜镜
Lozenge-shaped Bronze Mirror

宋代
直径18.7厘米
雨城区文物管理所藏

八瓣菱花形，圆纽，纽外主题纹饰为波涛汹
涌的大海上一条造型华丽的楼船乘风破浪行
进，船上五人，船周围鱼龙腾跃。

方形"百"字纹铜印
Square 百-Design Bronze Seal

战国
边长1.2厘米、厚1.1厘米
荥经县严道古城遗址博物馆藏

巴蜀鸟首纽心纹铜印
Bashu Bird-head Lug 心-Design Bronze Seal

战国
直径1.1厘米、高1.5厘米
荥经县严道古城遗址博物馆藏

巴蜀圆形"王"字纹铜印
Round Bashu 王-Design Bronze Seal

战国
直径1.3厘米
荥经县严道古城遗址博物馆藏

巴蜀圆形"王"字纹铜印
Round Bashu 王-Design Bronze Seal

战国
直径2.6厘米
荥经县严道古城遗址博物馆藏

巴蜀钟形心纹铜印
Bell-like Bashu 心-Design Bronze Seal

战国
直径1.2厘米、高1.75厘米
荥经县严道古城遗址博物馆藏

鸟形纽巴蜀图语铜印
Bird-shape Bashu Glyph Bronze Seal

战国
直径1.4厘米、高1.6厘米
荥经县严道古城遗址博物馆藏

覆盆形巴蜀图语铜印
Basin-inverted Bashu Glyph Bronze Seal

战国
直径3厘米、高1.3厘米
荥经县严道古城遗址博物馆藏

覆斗形巴蜀图语铜印
Bucket-inverted Bashu Glyph Bronze Seal

战国
直径1.6厘米、高1.1厘米
荥经县严道古城遗址博物馆藏

圆形巴蜀图语铜印
Round Bashu Glyph Bronze Seal

战国
直径2.7厘米、通高1厘米
荥经县严道古城遗址博物馆藏

圆形巴蜀图语铜印
Round Bashu Glyph Bronze Seal

战国
直径3.3厘米、高1厘米
荥经县严道古城遗址博物馆藏

圆形巴蜀图语铜印
Round Bashu Glyph Bronze Seal

战国
直径2.7厘米、高0.7厘米
荥经县严道古城遗址博物馆藏

圆形巴蜀图语铜印
Round Bashu Glyph Bronze Seal

战国
直径2.7厘米、高0.6厘米
荥经县严道古城遗址博物馆藏

覆斗形巴蜀图语铜印
Bucket-down Bashu Glyph Bronze Seal

战国
直径1.4、高0.7厘米
荥经县严道古城遗址博物馆藏

圆形巴蜀图语铜印
Round Bashu Glyph Bronze Seal

战国
直径3厘米、高0.9厘米
荥经县严道古城遗址博物馆藏

鸟形纽巴蜀图语铜印
Bird-shape Bashu Glyph Bronze Seal

战国
直径2.6厘米、高2厘米
荥经县严道古城遗址博物馆藏

覆斗形兽纽巴蜀图语铜印
Bucket-inverted Bashu Glyph Bronze Seal

战国
边长2.2厘米、高1.4厘米
荥经县严道古城遗址博物馆藏

覆斗形巴蜀图语铜印
Bucket-inverted Bashu Glyph Bronze Seal

战国
边长1.2厘米、高1厘米
荥经县严道古城遗址博物馆藏

方形"富"字铜印
Square 富-Design Bronze Seal

战国
边长1厘米、高1.2厘米
荥经县严道古城遗址博物馆藏

方形"敬事"字铜印
Square 敬事-Font Bronze Seal

战国
边长1厘米、高1.3厘米
荥经县严道古城遗址博物馆藏

长方形巴蜀图语铜印
Rectangle Bashu Glyph Bronze Seal

战国
长2.1厘米、宽1.7厘米、高1厘米
荥经县严道古城遗址博物馆藏

长方形兽纽巴蜀图语铜印
Rectangle Bashu Glyph Bronze Seal

战国
长1厘米、宽0.8厘米、高1厘米
荥经县严道古城遗址博物馆藏

长方形巴蜀图语铜印
Rectangle Bashu Glyph Bronze Seal

战国
长1.8厘米、宽1.2厘米、高1厘米
荥经县严道古城遗址博物馆藏

长方形巴蜀图语铜印
Rectangle Bashu Glyph Bronze Seal

战国
长1.7厘米、宽1.1厘米、高1.1厘米
荥经县严道古城遗址博物馆藏

长方形双层巴蜀图语铜印
Square Bashu Glyph Bronze Seal

战国
长2.2厘米、宽1.9厘米、高2.厘米
荥经县严道古城遗址博物馆藏

山字形巴蜀图语铜印
山-shape Bashu Glyph Bronze Seal

战国
横径3.4厘米、纵径2.1厘米、高1.1厘米
荥经县严道古城遗址博物馆藏

山字形巴蜀图语铜印
山-shape Bashu Glyph Bronze Seal

战国
横径2.4厘米、纵径1.4厘米、高0.8厘米
荥经县严道古城遗址博物馆藏

圆形巴蜀花蒂纹铜印
Round Bashu Pedicle Bronze Seal

战国
长2.3厘米、厚0.6厘米
荥经县严道古城遗址博物馆藏

巴蜀方形手心纹铜印
Square Bashu Palm Bronze Seal

战国
长1.15厘米、高0.8厘米
芦山县博物馆藏

圆形桥纽铜印
Round Bridge Knob Bronze Seal

战国
直径1.2厘米、高1.2厘米
芦山县博物馆藏

圆形巴蜀图语铜印
Round Bashu Glyph Bronze Seal

战国
直径2.2厘米、高0.5厘米
宝兴县文物管理所藏

长方形鼻纽"杨为"铜印
Rectangle Nose 'Yang Wei' Bronze Seal

战国
长1.8厘米、宽1厘米、高1.2厘米
芦山县博物馆藏

圆形"日利宜泉"铜印
Round 'Ri Li Yi Quan' Bronze Seal

战国
直径1.1厘米、高0.6厘米
芦山县博物馆藏

圆形铜印
Round Bronze Seal

战国
直径1.1厘米、残高0.6厘米
芦山县博物馆藏

长方形碑纽"范入千万"铜印
Rectangle 'Fan Ru Qian Wan' Bronze Seal

战国
长1.6厘米、宽0.7厘米、高1.2厘米
芦山县博物馆藏

长方形"王子"铜印
Rectangle 'Wang Zi' Bronze Seal

战国
长1.7厘米、宽0.9厘米、残高0.5厘米
芦山县博物馆藏

方形桥纽铜印
Square Bridge-knob Bronze Seal

战国
边长1.3厘米、高1厘米
芦山县博物馆藏

长方形桥纽"李"字铜印
Rectangle Bridge-knob 李-Design Bronze Seal

战国
长1.3厘米、宽0.8厘米、高0.8厘米
芦山县博物馆藏

兽纽"汉夷土部之章"铜印
Beast-knob Bronze Seal with
'Han Yi Tu Bu Zhi Zhang'

西汉
长2.2厘米、宽1.9厘米、高2.1厘米
芦山县博物馆藏

方形"汤猛"铜印
Square 'Tang Meng' Bronze Seal

西汉
边长1.2厘米、高0.6厘米
芦山县博物馆藏

近方形驼纽"汉叟仟长"铜印
Square Camel-knob Bronze Seal

'Han Shou Qian Zhang'

东汉
长2.3厘米、宽2.2厘米、高2.9厘米
芦山县博物馆藏

方形鎏金龟纽"关内侯印"铜印
Square Gold-plated Tortoise-knob Bronze Seal
'Guan Nei Hou Yin'

东汉
边长2.2厘米、高2.4厘米
芦山县博物馆藏

方形桥纽"别部司马"铜印
Square Bridge-knob 'Bie Bu Si Ma' Bronze Seal

东汉
长2.3厘米、高1.7厘米
芦山县博物馆藏

方形龟纽"□□成印"铜印
Square Tortoise-knob
'□□ Cheng Yin' Bronze Seal

东汉
长1.4厘米、宽1.4厘米、高1.3厘米
芦山县博物馆藏

方形龟纽"区径"铜印
Square Tortoise-knob 'Qu Jing' Bronze Seal

东汉
边长1.2厘米、高1.4厘米
芦山县博物馆藏

近方形圆环螭龙凤鸟纽
"李宜私印"铜印
Square Dragon-phoenix-Ring Knob
'Li Yi Si Yin' Bronze Seal

东汉
长1.3厘米、宽1.2厘米、高7.5厘米
芦山县博物馆藏

方形桥纽"任封"铜印
Square Bridge-knob 'Ren Feng' Bronze Seal

东汉
边长1.1厘米、高0.9厘米
芦山县博物馆藏

近方形鼻纽"狱"字铜印
Square Nose狱-Design Bronze Seal

汉代
长1.1厘米、宽1厘米、高1厘米
芦山县博物馆藏

方形龟纽"密之"铜印
Square Tortoise-knob 'Mi Zhi' Bronze Seal

汉代
边长1.35厘米、高2厘米
芦山县博物馆藏

近方形板纽"右德（怀）略指挥兼第一都记"铜印
Square Plate-knob 'You De (Huai) Lue Zhi Hui

Jian Di Yi Du Ji' Copper Seal

宋
长4.8厘米、宽4.6厘米、高3.6厘米
芦山县博物馆藏

"芦山县儒学记"铜印
Copper Seal 'Lushan County School'

明永历十年
长8.2厘米、宽4.8厘米、高9.9厘米
芦山县博物馆藏

"都纲桑儿结藏"象牙玺
Ivory Seal 'Du Gang Sang Er Jie Zang'

明代
高5.1厘米
宝兴县文物管理所藏

汉风神韵
Han Dynasty
Precious

高颐阙
Gaoyi Towers

东汉
母阙高600厘米、子阙高339厘米
位于雅安市雨城区姚桥乡

建于东汉建安十四年（209年）。座北朝南，为扶壁式双阙，东西阙相距13米。东阙已残，主阙从斗拱层以上和子阙在早期散失，仅西阙保存完整，阙前有石刻神兽一对。1963年3月被列为全国重点文物保护单位。阙由基、身、楼、顶四部分组成。主阙十三层，子阙七层，阙上刻有多组浮雕，内容多为历史故事及神话传说。在第五层雕成枋头24个，其上阴刻24字隶书铭文"汉故益州太守阴平都尉武阳令北府丞举孝廉高君字贯□（方）"。是我国现存汉代仿木结构石质建筑中保存最好、雕刻最精美的石阙。

何君阁道碑
He Jun Ge Dao Tablet

东汉
宽76厘米、高65厘米
位于荥经县烈士乡冯家村钻山洞崖壁上

石刻文字四周凿以边框，略呈正方梯形，共
52字，排列7行，随字形繁简、任意结体，
每行7或9字不等。刻文为："蜀郡太守平陵
何君，遣掾临邛舒鲔将徒治道，造尊楗阁，
袤五十五丈，用功千一百九十八日，建武中
元二年六月就，道史任云、陈春主。"字迹
清晰完整，最大字宽9、高13厘米。书法风
格极具早期汉隶典型特征。
何君阁道碑最早见于宋洪适《隶释》，与石
刻内容完全相同。

何君阁道碑
He Jun Ge Dao Tablet

东汉

赵仪碑

Zhaoyi Stone Tablet

东汉
长192厘米、宽92厘米、高84厘米
芦山县博物馆藏

红砂石雕刻而成。碑首为拱形，雕有螭虎，碑文为隶书，其上还另镌有"蜀郡属国"四个大字。现存107字，字体清秀隽美，古朴率直，是研究书法史的重要资料。

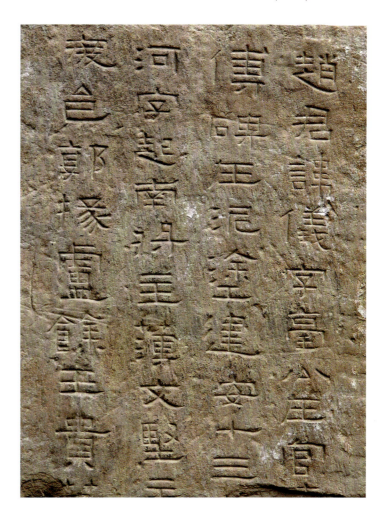

王晖石棺
Wang Hui Stone Coffin

东汉
棺长250厘米、宽85厘米、高71厘米
芦山县博物馆藏

红砂石打制雕刻而成。棺盖头刻高浮雕饕餮衔
环。棺右侧墓志隶书 "故上计史王晖伯昭以
建安十六岁在辛卯九月下旬卒其十七年六月甲
戊葬呜乎哀哉"。另有人物、虬龙、螭、玄武
等画像。

王晖石棺
Wang Hui Stone Coffin

东汉

高浮雕石棺
Alto-relievo Game Image Stone Coffin

东汉
长230厘米、宽79厘米、高78厘米
荥经县严道古城遗址博物馆藏

红砂石质，棺盖已缺失。棺外左右两侧均刻有图案，其中一侧刻四个大斗拱，中设一门，为"妇人启门图"，两旁各饰一只朱雀。门左侧有一男一女，盘腿而坐，男右手抚女下颌作接吻状。门右侧一妇人正面拢手席地而坐，前置一长条形案，妇人束高髻，插珠钗，身着交领长服，似为西王母；另一侧左下角刻"拴马图"，一马拴于树上，双耳耸立。马前有一侍马人手提一桶，马身后一侍马人挑水。棺前刻双阙，高79、长70厘米，寓意天门；后刻一朱雀，展翅欲飞。

拥篲吏石墓门（左门）
Stone-grave Door with Sweep-holding Officer

东汉
高155厘米、宽62厘米
芦山县博物馆藏

一侧上下突出为榫，减地浅浮雕，边成方框。
浮雕为一拥篲男吏，平顶冠，圆脸，宽袖大
袍，束腰带，足着靴，五官及衣纹以阴线表
示，身体微微前倾，拥篲作迎候状。

持盾吏石墓门（右门）
Stone-grave Door with Shield-holding Officer

东汉
高155厘米、宽62厘米
芦山县博物馆藏

形制、纹饰与左门近似，只浮雕为一躬身捧
盾吏。

樊敏墓石瑞兽
Fanmin Grave Round-engraved Stone Beast

东汉
长200厘米、宽63厘米、高145厘米
芦山县博物馆藏

红砂石凿刻，圆雕。兽昂首挺胸，张口怒
目，作前行状，肩有双翼，健羽及臀。首似
虎，右爪抚蟾蜍。底座为长方形。石兽呈威
猛之势，具有强烈的视觉冲击力。

樊敏墓石瑞兽
Fanmin Grave Round-engraved Stone Beast

东汉

樊敏墓石瑞兽
Fanmin Grave Round-engraved Stone Beast

东汉
长200厘米、宽63厘米、高145厘米
芦山县博物馆藏

红砂石凿刻，圆雕。兽昂首挺胸，张口怒
目，作前行状，肩有双翼，健羽及臀。首似
虎，右爪抚螃蟹，尾部残。底座为长方形。
为东汉石刻艺术之精品。

力士石础
Vajrapani Shaped Stone Pedestal

东汉
高25厘米、长29.5厘米、宽25.5厘米
四川博物院藏

立体圆雕。力士雕琢在石础的一侧，形态夸
张。力士露胸赤膊，头戴圆箍帽，左手撑地，
右手曲扶础石，双臂肌肉隆起。

天禄辟邪石础
Plinth with Tianlu and Pixie

东汉
长40厘米、宽20厘米、高24.5厘米
芦山县博物馆藏

两兽作相戏状，天禄较小，尾部在前，头反向
位于辟邪颔下，两兽皆有翼。辟邪背中心有一
长方形础石。

石马
Stone Horse

汉代

长43厘米、宽18厘米、残高47厘米

芦山县博物馆藏

红砂石雕刻而成。马首端直，颈上鬣毛刚劲
有力，体壮，着鞍鞯，方形鞍鞯，镳、衔、
辔清晰。

姜城城门石神兽
Beast Engraving of Jiangcheng Castle Gate

东汉

长192厘米、高92厘米、宽84厘米

芦山县博物馆藏

红砂石质。出土时头部已断，雄强笃实，四
肢肌肉发达。身两侧刻有翅膀，后腿饰有卷
毛，四爪抓地，胸部宽大，臀部浑圆，尾从
胯下穿过置于腹部。腹部肥大，紧贴地面，
腹右侧有一小兽，背上有一方形柱洞，柱洞
边长31厘米。石兽下有长方形底板。

执斧石俑
Round Axe-holding Stone Figure

东汉
高128厘米
芦山县博物馆藏

红砂石凿刻，圆雕。站立状，头双角中凸，宽额，细眉，圆眼，长扁鼻，露两獠牙，口吐长舌垂于胸前。半月形大竖耳，矮颈，披肩长服垂于膝，露双脚，右手前臂弯曲执斧，左手前臂弯曲执长蛇。

执插石俑
Stone Figure with Holding

东汉
高110厘米
芦山县博物馆藏

红砂石凿刻，圆雕。站立状，戴平顶帽，着交领服，左手执箕，右手执插。

石摇钱树座
Stone Money Tree Base

东汉
底径36厘米、高42厘米
芦山县博物馆藏

红砂石雕琢而成。圆锥体，顶中有一插摇钱
树的圆孔。座顶有一戴翼独角虬龙盘曲，座
上雕刻以《山海经》中与西王母有关的神话
人物为主题。座中部有一龛状石室，周围山
峦重叠，人物众多，神情态势各异。

石楼阁
Stone-engraved Pavilion

东汉
长58厘米、宽20厘米、高41厘米
芦山县博物馆藏

红砂石雕刻，屋顶为庑殿式，顶面凿刻成凹
条形，檐沿用圆形瓦当雕饰，一楼一底。楼为
四柱三间，中间正厅两旁各有长方形窗，窗棂
横向四隔呈页形，大门两扇，开启左门，一
妇人作开门状。楼下二间左面斜放一梯，三
人跽坐，手持乐器等表演。

戳印纹带柄陶釜
Pottery Pot with Handle

汉代
口径12.6厘米、高8.4厘米
荥经县严道古城遗址博物馆藏

泥质灰陶。敛口，宽沿外折，圆唇，束颈，
鼓腹，圆底。弯柄附于肩部，柄端上翘。肩
至底通体饰戳印纹。

四神兽纹陶盖
Four-beast Pottery Cover

东汉
口径12厘米、高6厘米
芦山县博物馆藏

夹砂灰褐陶。圆拱形，窄沿，乳丁形纽。盖
上有模印四神兽、猴、鹿及花草等。

石黛板砚
Pottery Stone Dark-green Ink-stone

东汉
黛板长13.6厘米、宽5.7厘米、厚0.4厘米
砚边长3.2厘米，高1.3厘米
芦山县博物馆藏

黛板为深灰色页岩制作。长方形，上有朱砂及墨迹。砚为陶质，方形，上有圆捉手，顶端浮雕一盘龙。砚下粘有黑色片状物。

羊首纹陶罐
Goat-head Design Pottery Pot

东汉
口径16厘米、高19厘米
宝兴县文物管理所藏

红褐色粗砂陶，厚胎，轮制。圆唇，马鞍形口外侈，束颈，斜肩，鼓腹，圜底，四只三棱柱形短足外撇。口沿前后突出成双流，口沿左右两侧伸出宽带状双耳，耳下端与腹相连，颈两侧饰对称乳突，斜肩前后堆饰羊首纹。

纪年砖
Chronicle Brick

东汉
长32.5厘米、宽16.5厘米、厚6.5厘米
宝兴县文物管理所藏

泥质褐陶。楔形，模印阳文"永建五年造"。

龙纹画像砖
Dragon Design Image Brick

东汉
长27厘米、宽22.4厘米、厚5.8厘米
宝兴县文物管理所藏

楔形，饰浅浮雕龙纹。龙张口，竖耳，长颈，弯脊，翘长尾，四足呈行走状，一前足缺失。

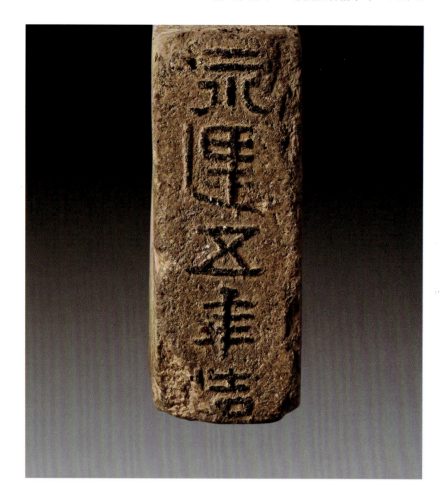

纪年砖
Chronicle Brick

东汉
长32.5厘米、宽16.5厘米、厚6.5厘米
宝兴县文物管理所藏

泥质褐陶。楔形，模印阳文"永建五年造"。

双兽纹画像砖
Dual Beat Fighting Image Brick

东汉
长28厘米、厚8.5厘米
宝兴县文物管理所藏

梯形，短棱面从左至右模刻浅浮雕，饰二兽
嬉斗；中部方格内有一乳丁，四边为半圆齿
纹；右端图案为双层汉阙和二兽斗。长棱画
像中间饰以兽斗，两侧各模印有方斜格和斜
菱网纹。

牧牛图画像砖
Cattle-herding Image Brick

东汉
长30厘米、宽24厘米、厚7厘米
宝兴县文物管理所藏

梯形，浅灰陶，模制。梯形上下两长短棱面
浅浮雕，较短的一面中部饰十字纹，十字纹
两侧各有一对称矩形，矩形对角线内分别填
以菱形纹；较长的一面饰牧牛图，左边一头
戴帽穿裙的牧人，身后一昂首竖耳猎犬，牧
人前为三头牛。

龙首玉带钩
Dragon-head Jade Belt Hook

汉代
长9厘米
汉源县文物管理所藏

玉质。龙首琵琶形，腹部较短，中部鼓起，
背部一圆纽。

龙首玉带钩
Dragon-head Jade Belt Hook

汉代
长9厘米
汉源县文物管理所藏

人物福禄寿		
菊花人物图		
山水图		
荷花图		
闲听溪水声图		
雪崖双瀑图		
月季螳螂图		
苏武牧羊图		
无量寿佛图		
山水图		
奔马图		
大竹图		
鸡竹图		
竹雀图		
柳马图		
双马图		
花卉图		
山水图		
兰屏（四幅）		
人物图		
一苇渡江图		
山水图		
双鼠偷油图		
山水图		
梅花图		
山水图		
奇峰图		
花鸟图		
行书对联		
隶书对联		
草书		
行草		

书画撷珍

Calligraphy
&
Painting Arts

人物福禄寿　竹禅

Figure and Fortune,
Wealth and Longitude by Zhu Chan

清代
纸本　纵131.5厘米、横62.1厘米
雨城区文物管理所藏

图中两位老人面部表情生动，衣纹细笔淡
墨勾描，造型准确，极为传神。题有"福
禄寿"，落款"竹禅"，款后钤二印。

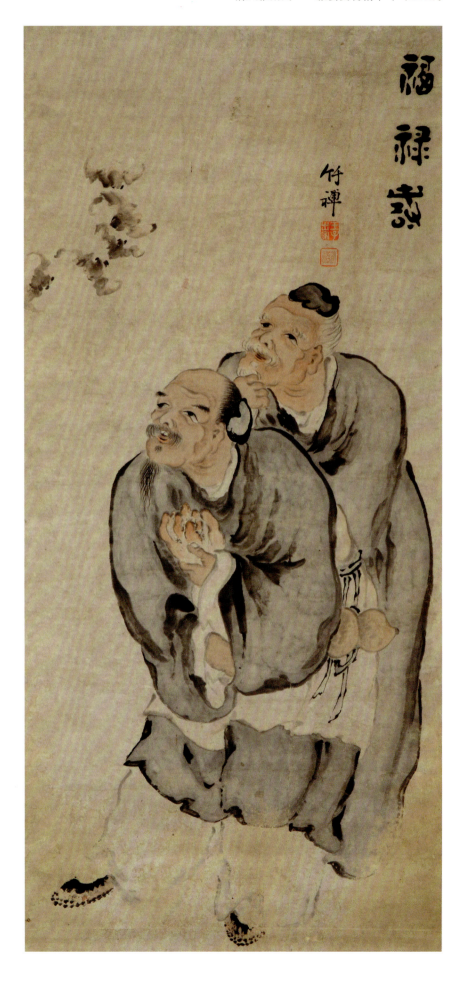

菊花人物图　孙清士
Chrysanthemum and Figures by Sun Qingshi
清代
纸本　纵122厘米、横54.2厘米
雨城区文物管理所藏

题画诗为"到处求仙笑赋过，竟无慧眼识东方，君王不是神仙骨，偷得蟠桃且自尝"。款署"菊人"，钤一印。

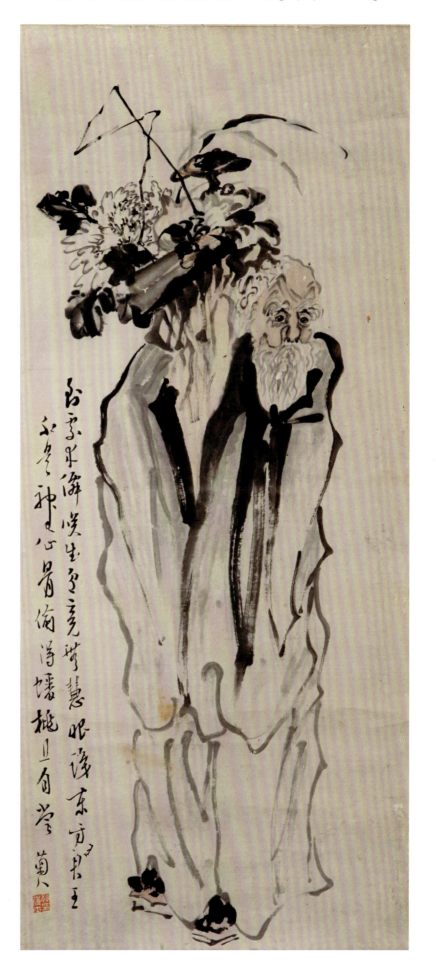

山水图　憩翁堂
Landscape Painting by Qi Wengtang

清代
纸本　纵81厘米、横32.5厘米
雨城区文物管理所藏

山水图落款"□翁先生属即请正之　憩翁堂"。钤二印。

荷花图　张振铎
Lotus by Zhang Zhenduo

现代
纸本　纵90厘米、横33.4厘米
雨城区文物管理所藏

为写意荷花图，落款"卅三年春月于渝州
振铎"。

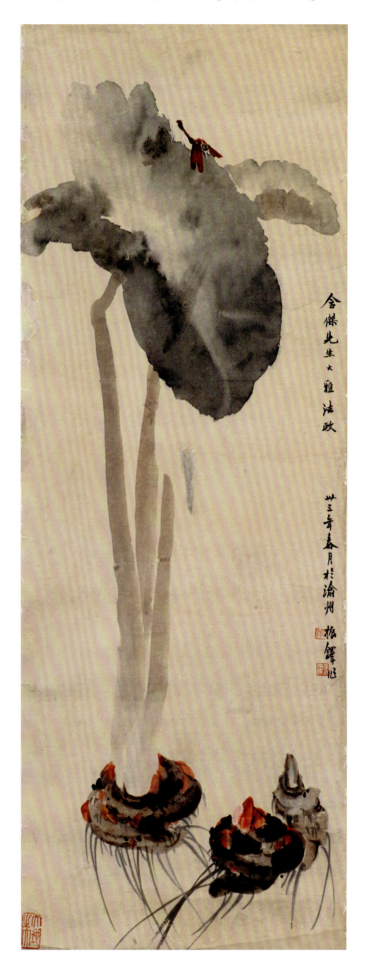

闲听溪水声图　黄君璧

Stream Enjoying by Huang Junbi

现代
纸本　纵101.5厘米、横33厘米
雨城区文物管理所藏

为写意山水，题有"桥头有客长无事，闲听
溪声近看山"。

雪崖双瀑图　黄君璧
Snow-cliff and Dual Waterfalls by Huang Junbi

现代

纸本　纵105.5厘米、横31厘米

名山县文物管理所藏

该画描绘了画家眼中的冬日景象，悬崖上飞流的双瀑，一条悬崖边的山路曲径通幽，两人站在小路尽头观望双瀑的壮美。皴法自然，气韵天成。

122

月季螳螂图　苏葆桢
China Rose and Mantis by Su Baozhen

现代
纸本　纵105.5厘米、横40.7厘米
雨城区文物管理所藏

题有"含杰先生教正"，落款"癸未葆桢"。

苏武牧羊图　梁又铭
Suwu Tending Sheep by Liang Youming

现代
纸本　纵86.5厘米、横34厘米
雨城区文物管理所藏

绘苏武牧羊。

无量寿佛图　稚道人

Amitayus Buddha by Zhidoren

现代

纸本　纵60厘米、横32厘米

雨城区文物管理所藏

无量寿佛图题有"无量寿佛宣梵铎，不生
不灭释权略，放空五蕴养浩然，弭灾弭患
人间乐"，落款"乙丑秋稚道人造"。

无量寿佛图　稚道人

Amitayus Buddha by Zhidoren

现代

無量壽佛

無量壽佛宣梵䕂不生不滅釋權略
放空五蘊養浩然猩災猩患人間樂
己丑秋稚道人造

山水图　吴一峰
Landscape Painting by Wu Yifeng

现代

纸本　纵137.2厘米、横28.4厘米

雨城区文物管理所藏

为写意山水，画中远景峰峦叠翠，云水相连；近景树丛浓郁，阁亭点缀，山石青绿重色。题有"回汀曲渚暖生烟，风柳风蒲绿涨天，我是钓师人识否，白鸥前导在春船"，"民纪三十八年秋制西吴一峰"，钤二印。

山水图　吴一峰

Landscape Painting by Wu Yifeng

现代

奔马图　梁鼎铭
Galloping Horses by Liang Dingming

现代

纸本　纵136.8厘米、横48厘米

雨城区文物管理所藏

题有"笔下耀蹄风纵横气若虹□黄超象外书卷得环中"，"仲光将军法正"。落款"战画室主　鼎铭"。题首钤一印，款后钤二印。

天竹图　董寿平
Bamboo & Sky by Dong Shouping

现代

纸本　纵53.4厘米、横35厘米

雨城区文物管理所藏

题有"辛巳冬日作于西川客次　含杰仁兄正　董寿平"。钤一印。

鸡竹图　徐悲鸿
Chicken and Bamboo by Xu Beihong

现代
纸本　纵125.5厘米、横31.5厘米
雨城区文物管理所藏

画中公鸡、母鸡相视而立，旁边竹枝劲挺。

落款"甲申夏日　悲鸿"，钤一印。

竹雀图　徐悲鸿
Bamboo & Bird by Xu Beihong

现代
纸本　纵65.8厘米、横39.5厘米
雨城区文物管理所藏

题有"庶几无愧与可　卅二年七月　青城常
道观　悲鸿"。钤一印。

鸡竹图　徐悲鸿
Chicken and Bamboo by Xu Beihong

现代

柳马图　徐悲鸿
Willow and Horse by Xu Beihong

现代
纸本　纵84厘米、横39.5厘米
雨城区文物管理所藏

画中骏马形象逼真，飘动的柳枝，简洁的画
面，劲健的笔法和清雅的设色，极为传神。
题有 "绍卿先生雅正"，落款 "悲鸿癸
未"。钤一印。

双马图　徐悲鸿
Two Horses by Xu Beihong

现代
纸本　纵90.3厘米、横57.7厘米
雨城区文物管理所藏

落款 "癸未秋晚，悲鸿"。钤一印。

花卉图　邓奂彰
Flowers by Deng Huanzhang

现代
纸本　纵83.4厘米、横40.4厘米
雨城区文物管理所藏

落款"己丑正月，奂彰"。钤二印。

山水图　霁暝
Landscape Painting by Ji Min

现代

纸本　纵110厘米、横43.8厘米

雨城区文物管理所藏

题有"宁属道上拾此景，俊成先生清赏"，

落款"己丑春正，霁暝"。钤二印。

兰屏（四幅）　彭东阳
Orchid Screen (Four) by Peng Dongyang

现代

纸本　每幅纵127.8厘米、横32.2厘米

雨城区文物管理所藏

第一幅首题"高低特立无穷惹得诗人着景夸"；第二幅首题"偶得幽叶趣清香写□流如何同众卉却出百头□"；第三幅首题"写得幽兰趣信为王者香花开争吐秀叶嫩自飞扬"；第四幅首题"占断韶华景清香信可夸画来成妙品写出有奇芭"。落款"时壬午桃花月，溱汶姻长大人清正，□和彭东阳写"。钤二印。

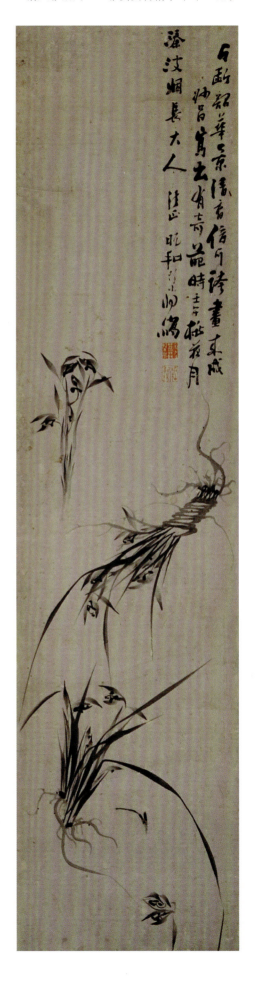

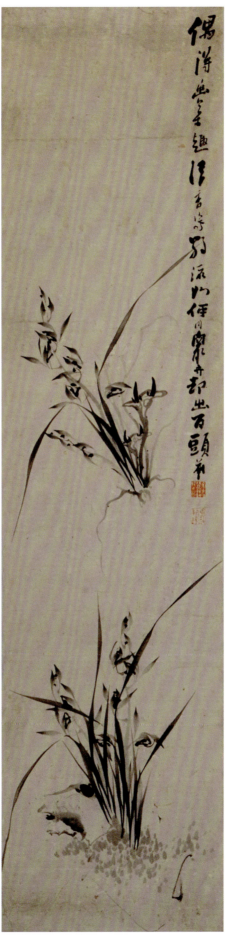

人物图　毛汀洲
Figure Portrait by Mao Dingzhou

现代
纸本　纵167厘米、横71.1厘米
雨城区文物管理所藏

图中一老一幼并行，旁立一鹤。

一苇渡江图　梁鼎铭
River-Crossing on Reed by Liang Dingming

现代
纸本　纵177.2厘米、横92.8厘米
雨城区文物管理所藏

粗线条写意，形神兼备。落款"鼎铭画"。
钤二印。

山水图　张大千
Landscape Painting By Chang Daqian

现代

纸本　纵122厘米、横29.5厘米

名山县文物管理所藏

画中右边以峻峭的山为主景，左边留出大量的
空白。梢公摆着木船，船头端坐一翁。右上角
有题记，钤有"张爱之印"、"大千"印。

双鼠偷油图　齐白石
Two Mice Stealing Oil by Qi Baishi

现代
纸本　纵89厘米、横61厘米
名山县文物管理所藏

构图简洁，上题"齐璜白石丙子五月作也"。钤"白石翁"印。

山水图　傅抱石
Landscape Painting by Fu Baoshi

现代
纸本　纵62.6厘米、横52.9厘米
雨城区文物管理所藏

山水图轴题有"甲申小暑前一日　东川写抱石"。钤二印。

梅花图　关山月
Plum Tree by Guan Shanyue

现代

纸本　纵120厘米、横39.5厘米

雨城区文物管理所藏

题有"陈影横斜水清浅，暗香浮动月黄昏"。落款"卅一年（1942年）秋于蓉垣旅次写林逋诗意，岭南关山月"。

山水图　关山月
Landscape Painting by Guan Shanyue

现代

纸本　纵36厘米、横93厘米

名山县文物管理所藏

画由三山组成，前景是陡峭的山崖和苍劲的大树，一条上山的小径和牌楼，远处是山峦和亭舍。落款"山月"，钤"关山月"印。

奇峰图　关山月
Mountain Peaks by Guan Shanyue

现代
纸本　纵92厘米、横53厘米
名山县文物管理所藏

画中远处山峦起伏，近处一渔翁正摆渡鱼
船，落款"山月"。钤"关山月"印。

花鸟图　关山月
Birds and Flowers by Guan Shanyue

现代
纸本　纵116厘米、横34厘米
雨城区文物管理所藏

为写意花鸟山水。画中梅竹相间，竹叶浓淡
相宜，随意点染，枝头小鸟生动活泼。题有
"春普老师教正"，落款"后学关山月"。
钤一印。

行书对联　康有为
Couplet in Semi-cursive Script by Kang Youwei

清代
纸本　纵147厘米、横39.5厘米
雨城区文物管理所藏

五言对联为"蓬岛来春艇，桃源自洞天"，
落款"康有为"。钤二印。

隶书对联　云谷
Couplet in Lishu Script by Yun Gu

清代
纸本　纵147厘米、横37厘米
雨城区文物管理所藏

首题"宝珊五兄大人雅属"，对联为"大富
贵亦君考，永吉羊宜侯王"，落款"云谷谭
浚之"。钤二印。下联右下角亦钤一印。

草书　于右任

Cuisive Hand by Yu Youren

现代

纸本　纵133.4厘米、横33.5厘米

雨城区文物管理所藏

题有"治人先生正之"，落款"右任录杜诗"。钤一印。

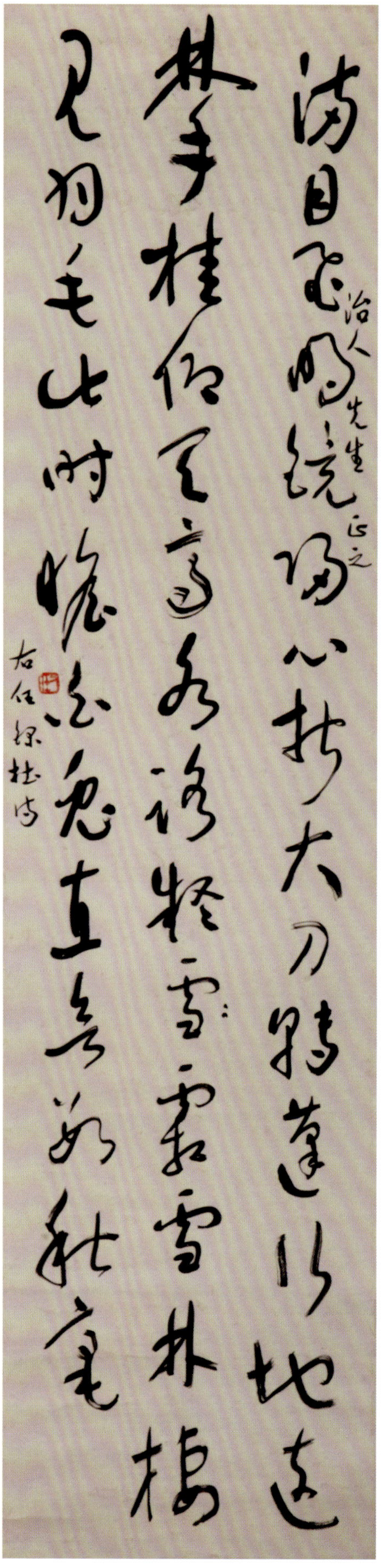

行草　郭沫若
Quick Handwriting by Guo Moruo

现代
纸本　纵147.5厘米、横30.2厘米
雨城区文物管理所藏

款署"仲光先生正　郭沫若"。钤一印。

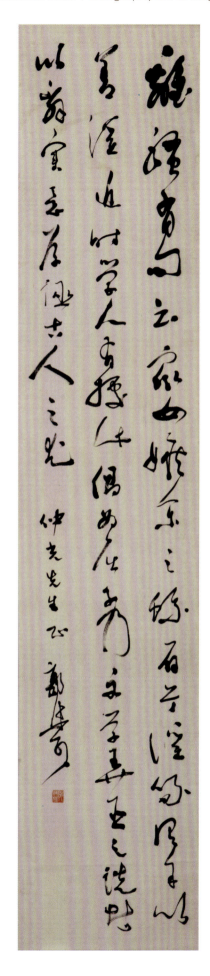

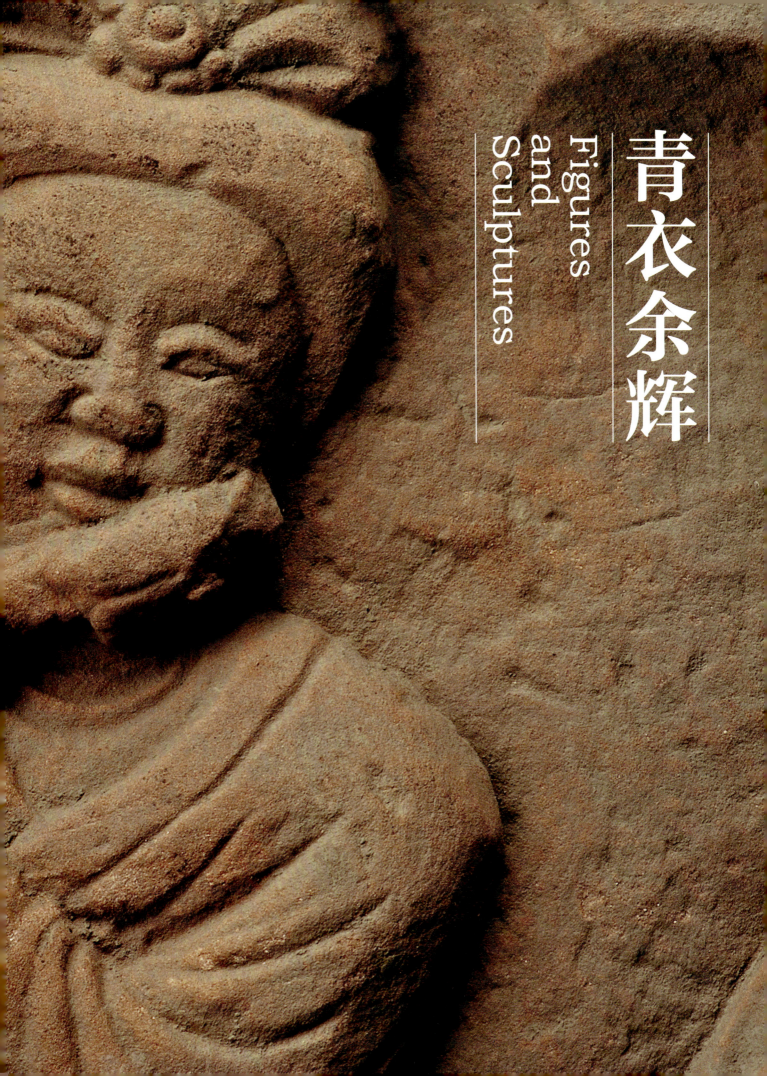

青衣余辉

Figures
and
Sculptures

吹笛乐女石刻
Flute Girl Stone Figure

唐代
高41.5厘米、宽38.5厘米、厚4厘米
芦山县博物馆藏

红砂石质。中下部刻火焰状开光，内浮雕一
吹笛乐女。头梳双髻，着花饰，面部丰满，
广袖长裙，两袖端向上飘扬。执笛横置于唇
边，作吹奏状。双腿盘于长裙内。

唐代

浅绿釉瓷灯
Jade-green-glazed Pottery Light

唐代
直径12厘米、高5.4厘米
宝兴县文物管理所藏

圆唇，内坦腹，下弧腹接饼形足，空心。腹
部有一短流连接内部空心处，腹内有一桥形
耳置于流上部。施浅绿釉。

浅绿釉瓷灯
Jade-green-glazed Pottery Light

唐代
直径12厘米、高5.4厘米
宝兴县文物管理所藏

三彩釉陶男跪伏俑

Three-color Glazed Pottery Figure

宋代

高5.5厘米

雨城区文物管理所藏

胎施黄绿釉，呈跪伏状。头梳高髻，眼鼓，撇嘴，眼、耳有孔，着窄袖长衣，腰束宽带，头枕于左手上。长方形座。头施绿釉，身、座部分施黄釉。

三彩釉陶男坐俑

Three-color Glazed Pottery Figure

宋代

高12.7厘米

雨城区文物管理所藏

胎白，施黄釉，坐状。头戴小冠，深目，高鼻，着窄袖交领长衣，手执物于胸前。通体施黄釉，座残。

三彩釉陶男立俑

Three-color Glazed Pottery Figure

宋代

通高23厘米

雨城区文物管理所藏

胎白，施黄绿釉。头戴小冠，眼鼓，大鼻，撇嘴，面丰颐。着大圆领窄袖长衣，腰系带，小圆头鞋。左手自然下垂，右手叉于腰间，身向右侧倾，立于一半球形座上。座无釉。

三彩陶猪首人身俑
Three-color Pig-head Man-body Figure

宋代
高28.5厘米
雨城区文物管理所藏

红褐陶。猪首人身，头戴小冠，高额，阔嘴，大鼻、耳，眼圆突。身穿宽圆领的窄袖长衣，小尖鞋。双手抱于胸前，立于抹角方座上。

三彩陶侍俑
Three-color Pottery Figure

宋代
高46厘米
芦山县博物馆藏

头挽髻，着花冠，双目平视，袍封襟垂于足，脚略呈八字形，立于椭圆形台上，底内空，露出陶胎。双手抱于前胸袖中，腰束带。头发及身施绿釉，面及腰带施黄釉。

三彩陶俑
Three-color Pottery Figure

宋代
高22厘米
芦山县博物馆藏

昂首，仰面，高鼻，眼阔至耳，张口，长须，着官帽，扎文士巾，颈束巾，着玉带，袖手侍立。

三彩陶武士俑
Three-color Pottery Warrior

宋代
高44厘米
芦山县博物馆藏

头戴兜鍪，面部丰满，鼓目怒视，高鼻，嘴微翘，双手交叉相抱置于腹前，似握一物。腰束带，立于一方形高座上，底座内空露胎。

三彩釉陶玄武
Three-color Pottery Xuanwu

宋代

长15厘米、宽10.5厘米、高8.5厘米

雨城区文物管理所藏

黄褐胎。龟伏地，蛇盘踞于龟背。龟蛇首均向上昂对视。龟除背上施黄绿釉外，身及足未施釉。蛇通体施黄绿釉。

浅黄釉陶狮形枕
Light Yellow Glazed Lion-shape Pillow

宋代

长14.3厘米、宽10.3厘米、高8厘米

汉源县文物管理所藏

枕面呈半月形，下为卧姿睡狮，底平中有穿。枕面略弧形。通体施浅黄釉，狮四肢、首尾略施酱色釉，底无釉。

三彩釉陶印盒
Three-color Glazed Inscribed
Pottery Seal Casing

宋代
高9.6厘米、宽6.5厘米
芦山县博物馆藏

由印及印盒组成。印正方形，外以织物包
裹，正面阴刻楷书"天仓印"，印底阴刻
楷书"黄"。印盒上部正方形，下外撇为壶
门。外施绿釉，内露红胎。

青花瓷罐
Blue & White Chronicle Covered Pot

元至正七年
口径9.2厘米、高22厘米
雅安市文物管理所藏

青花瓷，轮制。盖圆形，子口，顶隆起呈半
弧形，上饰宝珠形纽，沿较宽。身圆唇，直
口，短颈，丰肩，上腹鼓，下腹斜收，浅圈足。
肩上附对称竖耳，通体施青白釉，唯圈足露
胎无釉。腹中部有釉下楷书"至正七年置"
（1347年）青花款识。

卵白釉瓷盖炉
Egg-white Glazed Censer with Cover

元代
口径9.4厘米、高15.7厘米
雨城区文物管理所藏

方唇，平沿，束颈，鼓腹，双带耳贴肩上，
平底，兽足。狮纽盖，纽两边有孔。口沿、
盖沿、底无釉。狮尾、臀、绣球为朱色。

乳白釉瓷爵杯
White Glazed Porcelain Jue-shape Cup

元代
口长13.2厘米、口宽6厘米、高7.8厘米
雨城区文物管理所藏

椭圆形口，阔流，长尾，圜底近平，三棱锥形
足外撇。一对菌状柱立于流凹处， 较小，直
腹至足跟部凹收于底。通体施乳白釉。

青白釉瓷蒜头瓶
Blue & White Glazed Garlic-head
Porcelain Vase

元代
口径2厘米、高18厘米
雨城区文物管理所藏

圆唇，直口，口蒜头形，细长颈，溜肩，圆垂
腹，高圈足外撇。颈下部饰凸棱一周。通体施
青白釉，足底露胎。

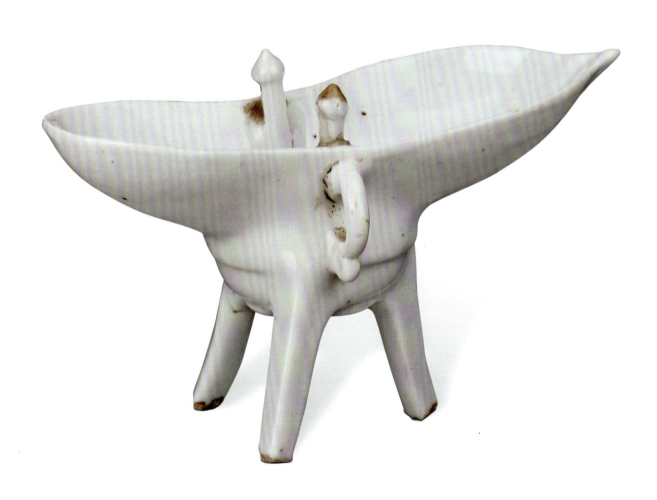

景德镇窑卵白釉瓷高足碗
Egg-white Glazed Stem Bowl of Jingdezhen Kiln

元代
口径13.4厘米、高8厘米
雅安市文物管理所藏

敞口，弧腹，竹节状喇叭形高足圈。施卵白
釉，白釉泛黄，足底内空无釉。

景德镇窑卵白釉瓷高足碗
Egg-white Glazed Stem Bowl of Jingdezhen Kiln

元代
口径13.7厘米、高8厘米
雅安市文物管理所藏

敞口，弧腹，竹节状喇叭形高足圈。施卵白
釉，白釉泛黄，足底内空无釉。

龙泉窑青白釉瓷高足杯
Blue & White Glazed Stem Mug
of Longquan Kiln

明代
口径10.8厘米、高7.6厘米
雅安市文物管理所藏

侈口，弧腹，喇叭形高足圈。施青白釉，白釉
泛青，足底内空无釉，内壁底釉下有花叶纹。

景德镇窑釉里红瓷高足碗
Under-glazing Red Stem Bowel
of Jingdezhen Kiln

明代
口径8.1厘米、高9厘米
芦山县博物馆藏

侈口，深腹，竹节状高足外撇。足底有削棱
痕，中空。饰简化鱼纹，外口有简化花叶纹
一周。

釉里红瓷高足碗
Red Dragon-Design Stem Bowel

清代
口径15厘米、高11.7厘米
荥经县严道古城遗址博物馆藏

敞口，沿外侈。浅腹内收至柄处，高柄圈足
似竹节。胎质致密，腹壁轻薄，釉色莹润。
高柄上用釉里红绘竹节纹两节。外壁近口沿
处以釉里红绘二弦纹，内饰变形卷草纹。

珐华螭虎纹蒜头瓷瓶
Garlic Pottery Vase with Chihu Dragon Design

明代
口径3.2厘米、高17.6厘米
雅安市文物管理所藏

蒜头形，圆唇，细长颈，圆鼓腹，斜角，高圈足。颈部缠绕堆饰螭虎一只，首颈部釉色窑变为酱色。通体施孔雀绿釉，呈冰花状。圈足底及外沿不施釉。

青灰釉陶罐
Blue-grey glazed Pottery Urn

明代
口径25.6厘米、高60厘米
汉源县文物管理所藏

胎褐色，器表施青灰釉。盖纽宝珠形，盖顶呈弧形，上饰绳纹等。身母口，鼓腹，平底。口部有两道纹饰，腹肩部饰锯齿纹两周，中部堆饰二龙戏珠，龙首高昂，间饰一宝珠，下饰火焰纹。

彩釉陶男侍俑
Glazed Pottery Mail Servant

明代
高25厘米
芦山县博物馆藏

头戴瓜皮尖帽，高鼻阔口，大耳，着左衽长袍，紧袖，束腰带，双手托钵形器于胸前，器下衬一方巾。露足尖，立于抹角方座上，底内空露胎。帽施黑釉，身施绿釉，面部涩胎，座无釉。

....

浅绿釉陶男侍俑
Jade-green Glazed Mail Servant

明代
高26.5厘米
芦山县博物馆藏

头戴宽沿尖顶帽，鼓目，高鼻，阔口，大耳，身着左衽长袍，紧袖，束腰带，右手下垂，左手持器于胸前。露足尖，底内空露胎，足踏抹角形方座。帽施黑釉，身施绿釉，面部涩胎，座无釉。

釉陶男侍俑
Glazed Pottery Mail Servant

明代
高25.6厘米
芦山县博物馆藏

施黑釉，头戴宽沿帽，双眼微下视，高鼻，
大耳，挺肚，腰系宽带。左衽长袍垂足。左
手握拳平放胸前，右手下垂微曲，立于方形
座上，足底内空露胎。

酱釉陶武士俑
Brown Glazed Pottery Warrior

明代
高51.2厘米
芦山县博物馆藏

头戴兜鍪，两侧护耳已失，圆目怒视，高鼻
厚唇，长髯。双手平置于胸前，曲肘握拳重
叠。身着战袍，双肩有护甲，腰束带，腿裙
甲叶为长方形，足蹬云头靴，立于四抹角形
座台上。头部、脚和台无釉，身施酱釉。

彩釉陶武士俑
Color Glazed Pottery Warrior

明代
高51.2厘米
芦山县博物馆藏

头戴兜鍪，顶束缨，两侧护耳高扬。横眉大目，高鼻厚唇露牙。外着披肩战袍，颈束巾，腰系带，袍下露裙，足蹬云头皂靴。双手握拳相叠于胸前，似持一物，立于方形四抹角座上。兜鍪及裙施酱釉，靴施黑釉，面部、束巾、手无釉。

彩釉陶武士俑
Color Glazed Pottery Warrior

明代
高45.3厘米
芦山县博物馆藏

头戴兜鍪，顶为火焰状缨，护耳高扬，横眉圆目，高鼻嘴略上翘，多髯。身着紧袖服，腿裙甲叶为长方形，握拳右拳重在左拳之上。腰束带，足蹬云头靴，立于四抹角形方座上。面部、手和座无釉，身施绿釉，靴施黑釉。

彩釉陶武士俑
Color Glazed Pottery Warrior

明代
高48厘米
芦山县博物馆藏

头戴兜鍪，顶束状，两侧护耳高扬，怒目圆
睁，高鼻锁眉，张口，右手握拳中空，左手
曲肘前伸，肩有甲，腰束带，有三层战袍，
袍下露腿裙，腿裙甲叶为长方形。足蹬云头
靴，立于抹角方形座上。头部施透明釉，身
体施绿釉，靴施黑釉。

彩釉陶武士俑
Color Glazed Pottery Warrior

明代
高51.5厘米
芦山县博物馆藏

头戴兜鍪，顶束状，两侧护耳高扬，怒目圆
睁，高鼻厚唇，多长髯。胸前束绳纹带，腰
束宽带。左手握拳中空，右手曲肘前伸。
右肩有甲，三层战袍，足蹬云头靴，立于抹
角形座台上。兜鍪施黄釉，面、左手及座无
釉，身施绿釉，髯、靴施黑釉。

黑釉陶马
Black Glazed Pottery Horse

明代
高37厘米、长32厘米、宽13厘米
芦山县博物馆藏

头部有辔，鞍两头上翘，两侧有马蹬。立于
长方形座上，鞍施绿釉，其余施黑釉，底座
无釉。

黑釉陶马
Black Glazed Pottery Horse

乾隆粉彩二龙戏珠瓷盒
Qianlong Famille-rose Dragon
& Pearl Porcelain Casing

清代
高5厘米
宝兴县文物管理所藏

白瓷。直口，子母扣，弧腹，圈足。腹外
壁饰水波纹，外底模印篆书"大清乾隆□
□"。盖面二龙戏珠高浮雕，一龙身饰淡红
釉，首饰黄釉；另一龙身施黄釉，首施淡红
釉。龙珠为白釉。盒内外均施蓝底釉。

药师佛铜像

Gilding Copper Medicine Buddha

明代
高62厘米
芦山县博物馆藏

双手手指相交，作阿弥陀佛根本印。顶髻隆起，面颊丰满，眼微睁，鼻似悬胆，丰唇，重颐，大耳垂轮，身着U形袈裟，广袖，结跏趺坐于圆形仰覆莲座上。莲座上层每隔一莲瓣立一佛，有背光。

释迦牟尼铜佛像

Gilding Copper Sakyamuni Buddha

明代
高64厘米
芦山县博物馆藏

头戴五佛宝冠，面部圆润丰满，大耳垂轮，宝相庄严。身着U形袈裟，宽袍大袖，双手相抱，食指相接结跏趺坐于圆形仰覆莲座上。莲座上层每隔一莲瓣立一佛，有背光。

鎏金释迦牟尼铜头像
Gilding Copper Sakyamuni Head

清代
高22.7厘米
石棉县文物管理所藏

高螺髻，低眉善目，眉心处有三角形火焰，
嵌一绿松石，高鼻，闭唇，双耳垂肩。通体
鎏金，造型典雅、庄重。

鎏金释迦牟尼铜头像
Gilding Copper Sakyamuni Head

清代

鎏金四臂观音铜像
Gilding Copper Buddha

清代
高14.3厘米
天全县文物管理所藏

高发髻，戴花冠帽，白毫相，高鼻，璎珞华
丽。一手持椭圆法器于胸前，另一手持莲花侧
举于肩部，结跏趺坐于仰覆莲座上。

鎏金四臂观音铜像
Gilding Copper Buddha

清代

鎏金铜佛像
Gilding Copper Buddha

清代
高13.9厘米
天全县文物管理所藏

高螺髻，长发，戴冠，低眉信目，背、肩、
双臂缠一飘带。双手持法器，施禅定印，结
跏趺坐。

鎏金释迦牟尼铜像
Gilding Copper Sakyamuni Buddha

清代
高21厘米
天全县文物管理所藏

高螺髻，戴佛冠，高鼻，双耳垂肩，左肩披袈
裟，右肩裸露，双手于胸前。结跏趺坐。

鎏金释迦牟尼铜像
Gilding Copper Sakyamuni Buddha

清代

圣母铝像
Aluminum Madonna

清代
高20厘米
宝兴县文物管理所藏

铝质。圣母头戴冠，着长衣，立于方台上。

圣母铝像
Aluminum Madonna

清代

198

后记
Postscript

◎ 凝聚着雅安文物精华的大型图录《清风雅雨间》，经过大家的共同努力，在雅安市博物馆落成之际，终于与读者见面了。这是雅安人民文化生活的一件大事，是雅安在深度挖掘历史文化遗产，整合文物资源，宣传雅安历史文化等方面取得的一项突出成就，标志着雅安文物保护研究工作迈上了新的台阶，同时为雅安博物馆的落成献上了一份厚礼。

◎ 进入21世纪以来，雅安屡有重要考古发现，特别是我市配合四川省文物考古研究院在瀑布沟水电站等大型基本建设中所取得的最新考古成果，也在图录中得到了及时体现。在这里，我们要感谢雅安市委书记徐孟加同志、市长刘守培同志，感谢四川省文物管理局局长王琼女士在百忙中为图录的编辑出版倾注的心血。四川省文物考古研究院院长高大伦先生更是亲自参与了图录从策划到编辑出版的全过程。《四川文物》编辑部曾德仁、雅安市博物馆李炳中、郭凤武等同志承担了图录编辑的具体工作。正是大家的精诚团结合作，才使得图录能在较短时间内高质量地完成编写工作并顺利交付文物出版社出版发行。同时，我们还要感谢四川省文物考古研究院刘化石、金国林、万娇、黄岩松及雅安各区县同仁对图录编写工作的大力支持。夏商周断代工程首席科学家、清华大学教授李学勤先生和四川省文物管理局局长王琼女士为本图录作序，更为图录增色许多。

◎ 由于图录编辑时间短，加之我们的能力、水平有限，书中可能存在许多不尽人意之处，还请读者见谅。

雅安市文化新闻出版和广播电视局局长

2010年8月于雅安